HF297161

LOUIS MANDRIN LE XV ETIENNE DE SAINT GEORGE EN DAUPHINÉ
Bourg en Bresse, à la tête de ... le 26 Octobre 1754
Toi, qui sçus forcer les Prisons,
A Pluton ne fais pas la guerre,
Ne va pas des Enfers delivrer les Demons,
Il n'en est assez sur la Terre.

HISTOIRE
DE LOUIS
MANDRIN,

DEPUIS SA NAISSANCE
JUSQU'A SA MORT:

Avec un détail de ses cruautés, de ses bri-
gandages, & de son supplice.

Raró antecedentem scelestum
Deseruit pede pœna claudo

HORAT. Lib. III. Od. II.

[Attribué à l'Abbé REGLEY]

A Cobourg

A AMSTERDAM,

Chez E. VAN HARREVELT

MDCCLV.

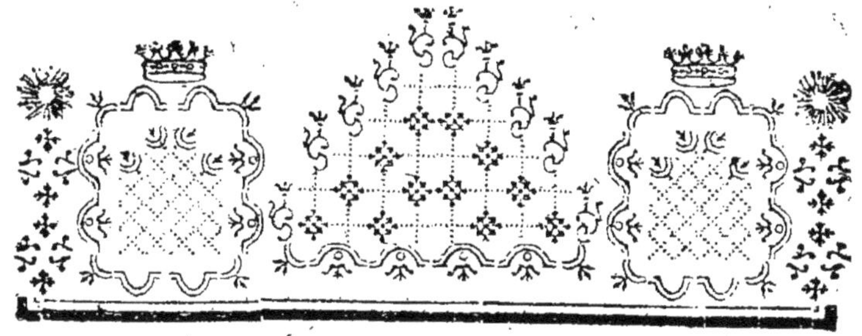

HISTOIRE
DE
MANDRIN.

L Es Brigands ne devroient pas trouver place dans l'Histoire. On blâme Saluste de nous avoir appris que Rome a eu un Catilina. Il semble que tous les Chefs des Voleurs ayent trouvé quelque gloire à marcher sur ses pas. Cependant le supplice qu'ils ont en perspective, auroit dû mettre une barriére à leurs crimes. Cartouche a péri sur la roue, Mandrin a eu le même sort. C'est toujours par-là que finissent les brigands, les assassins, les incendiaires. On n'a jamais vu le coupable jouir impunément de son crime.

Louis Mandrin nâquit à Saint Etienne de Saint Geoirs en Dauphiné, le trente du mois de Mai, l'an 1714; son pére étoit un homme du petit-peuple, qui ne subsistoit que

par

par fon travail & par fes vols. Quelques faux-monnoyeurs lui ayant appris à fabriquer des efpéces, il crut avoir trouvé le chemin de la fortune, mais il prenoit celui de l'échaffaut. Cet art lui réuffit mal, Mandrin fut dénoncé & pourfuivi. Quelque tems après, ayant eu la témérité de faire feu fur quelques gardes, il fut tué dans le combat.

Le jeune Mandrin apprit la mort de fon pére, & jura de la venger; il hérita de quelques outils propres à la fabrique des monnoies, & plus encore de ce germe d'ambition qui nous porte aux grandes actions ou aux crimes. A peine fut-il en état de manier le marteau, qu'il s'exerça à contrefaire les monnoies, ou à les altérer. La guerre furvint : Mandrin s'enrolla, & fit affez bien le métier de foldat, qu'il n'auroit jamais dû quitter. C'eft peut-être ce qui a fait croire au peuple que ce brigand avoit été Officier, & décoré des honneurs refervés aux militaires. La Croix qu'on lui a vue, a été prife fur un Officier qu'il a poignardé; & le nom de Capitaine qu'on lui donne, eft un titre qu'il a pu porter comme chef d'une bande de contrebandiers & de voleurs.

La guerre n'étoit pas encore finie lorfque Mandrin déferta, & emmena avec lui deux camarades. Son Capitaine, qui l'aimoit, ne voulut pas le déclarer, ni envoyer fon fignalement :

lement : il efpéroit le ramener par ce ménagement, qui devint fatal à lui-même. Pendant
ce tems Mandrin fe faifoit une bande qui grof-
fiffoit chaque jour, & qui l'avoit adopté pour
chef. On lui trouvoit de l'efprit, une adreffe
admirable & du bonheur. Mandrin avoit
une éloquence naturelle, qui perfuadoit; l'i-
magination vive, du courage pour former de
grandes entreprifes, & de l'audace dans le
fuccès. Un crime lui coutoit peu lorfqu'il le
jugeoit néceffaire à fa vengeance, ou à fes projets. Cependant il avoit l'art de montrer de
la douceur; on eût pris fon front pour le fiége de la candeur même; il falloit étudier fes
yeux pour y démêler cette humeur farouche
qu'il cachoit avec foin, & qu'il ne déployoit
que dans fes fureurs. Ses difcours rouloient
toujours fur la probité, & jamais homme
n'en eut moins. On lui donne une taille avan-
tageufe, les cheveux noirs, le fourcil épais, le
nez aquilin, les traits réguliers, la poitrine
large, la jambe belle, & une force prodigieufe. Talens malheureux qui marquoient une
méprife de la Nature, ou une corruption
plus grande dans celui qui en abufa par l'u-
fage qu'il en fit. Tel étoit le fameux Brigand
dont j'écris les actions.

La Côte de St. André a beaucoup de rochers, qui peuvent fervir de rétraite à ceux
qui ne veulent pas en prendre une dans les

lieux

lieux habités.   Mandrin y choifit un afile. Il étoit âgé d'environ vingt ans , & il fe voyoit à la tête de dix ou douze déferteurs, qui le regardoient comme leur pére, & qui ne vivoient que par fa fatale induftrie : leur gen-re de vie étoit affez trifte ; ils fabriquoient pendant la nuit, & n'ofoient paroître de jour. Mandrin plus hardi fe montroit dans les Foi-res, où il faifoit des emplettes. On remar-que qu'il s'adreffoit toujours aux Marchands les plus éloignés, de crainte que le grand nom-bre des fauffes efpéces ne laiffât quelque foup-çon dans le Païs.   Il avoit même foin de fe traveftir ; tantôt il paroiffoit en Militaire, tan-tôt il étoit en Religieux ou en Bourgeois. Au retour on évaluoit la marchandife, ou on la faifoit vendre par un homme affidé, & le Ca-pitaine avoit toujours une part diftinguée dans les partages.

Trois ans s'étoient écoulés dans ce commer-ce, lorfque le Capitaine de Mandrin revint au Païs. Il fit dire au frére de celui-ci que fi fon foldat ne joignoit pas le Régiment, il al-loit le dénoncer comme déferteur, & le faire punir. Cette nouvelle fut portée à Mandrin, & le mit en fureur. Il recommanda à fon frére de s'informer exactement des endroits que fréquentoit l'Officier. On lui nomma un jour auquel il devoit paffer au bas de la Côte, Mandrin fe mit fur le chemin avec des pifto-
lets.

lets. Dès qu'il l'apperçut de loin, il fut à lui, & le pria, avec l'air le plus humble, de ne point le perdre. Il lui offrit même une somme pour son congé, & lui montra à quelques pas de-là une petite maison, qu'il dit être celle de sa mére, en le priant d'y entrer, pour accorder les choses. L'Officier tourna bride sans former aucun soupçon. A-peine fut-il engagé dans le défilé, que Mandrin lui cassa les reins d'un coup de pistolet; puis se tournant vers le domestique, il lui brûla la cervelle. Ses gens enlevérent les corps, & le crime ignoré demeura impuni. Mandrin continua son commerce.

Qui croira que le cœur de ce barbare, qui massacroit avec inhumanité, & par ingratitude, osoit se montrer sensible à l'amour. Ce sentiment, qui commande aux passions, ou qui les éteint, semble ne jetter que de la douceur dans l'ame. Si les Amans se portent aux extrêmes, c'est dans la vue de posséder l'objet qui fait leur félicité, & ils agissent par aveuglement, ou par désespoir. Mais ils ne sont ni cruels, ni sanguinaires. Mandrin, tantôt tranquile, tantôt féroce, réunissoit en lui les vices les plus opposés, & il aimoit. Quel hommage pour une Belle que celui d'un tel cœur!

On Gentilhomme avoit laissé en mourant deux filles éxtrêmement belles. Mandrin épris

des

des charmes de la cadette, chercha à lui marquer son amour. Il parla, il ne fut point écouté; il écrivit des lettres, on ne voulut pas le lire; il fit des préfens, on les refufa. Cette rigueur le mettoit au défefpoir, & l'envie de réuffir le jettoit dans des dépenfes continuelles. La fabrique des monnoies fouffroit quelques interruptions, & les comptes qu'il rendoit à fes compagnons, n'étoient pas toujours fidéles. Un d'entr'eux s'apperçut que le Maître avoit le cœur bleffé, & s'offrit pour le guérir. „Je te fais mon fecond, lui dit „Mandrin, fi tu en viens à bout; je me dé-„ferai de mon Lieutenant Perrinet, qui m'en-„nuye, & je te donnerai ma confiance & fa „place„. Il y a des intrigues même parmi les brigands. R*** fut très-flatté de pouvoir fupplanter fon Lieutenant, & brigua l'honneur d'être le fecond voleur de la bande. Il étoit neveu de ce R*** qui fut efpion pour les Sévegnols en 1704, & qui a ramé dix à douze ans à Marfeille. Il vouloit gagner la roue, à laquelle Mr. fon Oncle (*) avoit échappé.

„Vous

(*) Ce R** étoit Marchand lorfqu'il fe fit Efpion. Il trompa notre intendant, furprit un Courier, fut créé Colonel, & pris à fa première fortie avec la moitié de fon Règinent. On le condamna à être roué comme un des Chefs de la révolte. Le Prince Eugéne demanda fa grace. R** n'eut que les Galéres, d'où il fortit à la mort de Louis XIV. Il eft aujourd'hui en Hollande, âgé de 80 ans, avec penfion des Etats, & titre de Colonel.

„Vous êtes embarrassé, dit-il à son Maître;
„je pénétre la cause des refus que l'on vous
„fait essuyer. Celle que vous aimiez est no-
„ble; vous n'avez peut-être pas eu le courage
„de dire que vous l'êtes; il faut vous appel-
„ler Monsieur du Mandrin; dire souvent, ma
„terre, mes gens, mes chevaux, mon équi-
„page. On écoutera vos titres, & l'amour se
„glissera à l'ombre de votre noblesse. Tu me
„fais ouvrir les yenx, dit Mandrin; je com-
„mence à m'appercevoir que ma roture ne fi-
„gure pas bien à côté de la noblesse de mon
„Amante, & que l'orgueil du sang peut étouf-
„fer en elle les sentimens du cœur.   Je suis
„donc Monsieur du Mandrin.   Mais pour-
„rai-je en soutenir le personnage? Rien de
„plus facile, reprit R***, donnez-vous un
„laquais qui vous dise, Monsieur le Baron du
„Mandrin; prenez un petit air aisé; regardez
„de côté tout ce qui sentira la roture; gardez-
„vous bien de reconnoître ceux que vous con-
„noissez; répondez quelquefois par monosyl-
„labes; caressez souvent votre menton; éten-
„dez-vous dans un fauteuil, ou levez-vous
„brusquement en fredonnant quelques airs, &
„marchez en pesant votre corps, sans appuyer
„le talon, ce qui est trop commun; il faut
„bien tant de choses pour être Baron dans un
„village. On dira, cet homme a de la naïs-
„sance, car il se monte sur un ton qu'un ro-

A 5   „turier

„turier ne prendroit pas devant la Noblesse.„
Mandrin partit avec ces admirables instru-
ctions.   Le titre de Baron ne nuisit pas à ses
projets : on le trouva bien maniéré, on le
crut noble, & on ne l'interrompit plus lorsqu'il parla d'amour.   On parut même lui
permettre d'espérer.   Il peignit toute sa pas-
sion dans ses yeux; il serra tendrement la main
de celle qu'il aimoit, & on ne se fâcha pas;
mais comme il ignoroit si un Baron avoit droit
de baiser la main pour une première fois, il
la quitta respectueusement, sans oser le faire,
& il se retira.

Pendant ce tems les choses avoient bien
changé de face dans la caverne.   Un des compagnons qui avoit eu horreur du meurtre
commis, avoit quitté la bande.   Le vigilant
Roquairol qui s'en étoit apperçu, avoit fait
enlever à la hâte les marteaux, le balancier,
les coins, les espéces & les matiéres préparées,
& étoit couru en instruire son Capitaine, en
taxant Perrinet de peu de capacité & d'indo-
lence.   Les Archers prirent mal leurs mesu-
res; ils marchérent tous ensemble, & se pré-
sentérent en plein jour à l'embouchure de la
caverne.   Le Brigadier fit grand bruit, & les
précéda en criant, tue! tue! Ils pénétrérent,
& ne trouvérent que quelques mauvais outils,
des fourneaux, & des souflets.   Ils ne s'apperçurent pas même d'une grosse pierre qui

mas-

mafquoit un enfoncement, dans lequel Perrinet, trompé par Roquairol, s'étoit endormi
avec un autre. Un d'entr'eux propofa d'y
paffer la nuit, l'avis fut goûté; on fe canton-
na dans des coins, croyant faire capture de la
bande entiére. Mauvaife façon de s'y prendre; il n'y eut dans tout cela que Perrinet qui
paffa la nuit fort mal à fon aife, les autres fuyoient pendant ce tems; & fi on avoit battu
la campagne, on les auroit trouvés dans des
brouffailles, ou dans les gorges des mon-
tagnes.

Cet accident fit quelque peine à Mandrin;
il loua hautement la prudence de Roquairol,
& fe moqua beaucoup de Perrinet qu'il croyoit
dans les fers. Cependant il falloit trouver
une demeure, ou abandonner le métier.
Après bien des marches pénibles, on réfolut
de camper, & de fe retrancher. Mandrin
choifit une montagne inculte, & fe plaça à mi-
côté, fous le pan d'une roche qui avançoit.
Il tira un foffé en croiffant, en fit foutenir les
terres fablonneufes avec des éperons, & fe
contenta de le fraifer avec des pieux. On tra-
vailla promptement à s'ouvrir une fortie
fous terre, en cas d'infulte; on pofa des fentinelles, & on envoya à la découverte & à la
provifion.

Mandrin avoit devant les yeux un château
qui appartenoit à un vieux Procureur. Il
étoit

étoit situé fur la montagne oppofée, d'où il avoit vue fur toute la campagne; il avoit un bon foffé, avec des tours à l'antique, des allées, des terraffes & des fouterreins. Dans le tems que Mandrin le contemploit attentivement, on vint lui dire que le Propriétaire venoit de mourir. „Voulez-vous en faire l'acquifition? dit „Roquairol; il eft à nous fi vous me fecondez; „je ne vous demande pas quinze jours.„ Mandrin, qui connoiffoit la capacité de cet homme, promet d'en paffer par tout ce qu'il voudroit. Roquairol favoit tous les préjugés du peuple, & fa frayeur pour les morts; il réfout d'en tirer avantage. „La circonftance eft favorable, „dit-il à fon Maître; le défunt doit avoir „quelques petites reftitutions à faire, parce „qu'il étoit Procureur; il s'agit d'aller pen- „dant la nuit faire tapage dans toute la mai- „fon, culbuter les meubles, batre les gens, „ils abandonneront bientôt la place, tant ils „ont peur des gens après leur mort.„ Le corps du Procureur avoit été enterré le jour même dans l'Eglife des Capucins d'un village voifin. Roquairol fe mit en chemin, il obferva les lieux, & fe tint à l'écart. Le foir il entra avec quatre hommes qu'il diftribua en différens poftes. La veuve étoit feule dans une chambre; comme elle n'avoit plus de témoins, elle ne verfoit plus de larmes. Ses domeftiques rioient dans la cuifine, & oublioient

blioient déjà qu'ils avoient eu un Maître. Roquairol fut droit à la chambre du Procureur; il commença par agiter fortement les rideaux, & renverser des tables & des chaises. La veuve se jetta promptement dans la cuisine. Roquairol se plaignoit comme un homme qui brûle, & mettoit tout en désordre. On croyoit n'avoir à craindre que d'un côté, lorsqu'il s'éleva un grand bruit des quatre coins du château; on entendoit des voix terribles qui se disputoient l'ame du Procureur, & on ne voyoit que feu & flammes par le moyen des pistolets & des petards. Roquairol avoit jetté un drap sur sa tête avec des flammes peintes en rouge; il parut dans cet équipage au milieu de ses gens habillés en Satires, & traînant des chaînes un flambeau à la main; il entra dans la cuisine où quelques femmes s'évanouirent, parcourut les appartemens, & disparut.

On ne douta plus dès-lors que le pauvre Procureur ne fût au pouvoir des Démons. On l'avoit vu, on l'avoit entendu, c'en étoit assez, le bruit en courut dans tout le Païs.

La nuit suivante Roquairol se montra sur les terrasses entouré de quatorze démons. La veuve avoit doublé sa garde, mais ce ne fut que pour augmenter la frayeur & les cris. Lorsque la troupe prit le chemin de la maison, toutes ces femmes s'enfoncèrent dans une grande chambre. Roquairol les suivit; les unes vou-

vouloient fortir par la fenêtre, les autres faifoient des priéres, & inondoient la chambre
d'eau bénite : lorfqu'il en tomboit une goûte
fur les démons, ils pouffoient des hurlemens
affreux, comme fi c'eût été de l'huile bouil-
lante. Cependant ils faifoient mine de vouloir attirer quelqu'un avec leurs griffes, & ils
fecouoient avec force lés chaînes du défunt. Celui-ci difoit fouvent : bien mal acquis, malheur à
ceux qui l'habitent, ils brûleront comme moi.

Cette fcéne fut pouffée fort avant dans la
nuit. La veuve à demi-morte, ne revint
point de fes frayeurs ; elle voulut quitter ce
féjour dès la nuit même, & prit un lit chez
fon Fermier à quelque diftance de-là.

Les efprits-forts tournérent la chofe en ridicule, & la traitérent de chimére. Trois
Clercs, un Capucin, & deux Abbés firent partie d'y fouper & d'y paffer la nuit. Ils avoient
avec eux huit domeftiques armés, & trois femmes pour les fervir. Roquairol crut qu'il y
alloit de fon honneur de ne pas lâcher prife ;
il s'informa foigneufement du jour qu'ils
avoient pris, & fit fes difpofitions. Le fouper devoit fe donner dans une grande falle.
Roquairol pratiqua une ouverture dans l'é-
paiffeur du mur, & la ferma exactement avec
des planches & la tapifferie ; il creva enfuite le
tuyau de la cheminée qui donnoit dans un grenier obfcur, & y rangea une partie de fon monde.
                                        Tout

Tout fut tranquile jufqu'au moment du repas.
Les convives crurent qu'ils avoient mis les morts
en fuite, & ordonnérent que l'on fervît. Un
inftant après il s'éleva un bruit éloigné; ils
prêtérent l'oreille, & en fe tournant ils apperçurent derriére eux un ours d'une groffeur
prodigieufe qui vint flairer tous les plats: ils
fe jettérent les uns fur les autres, & gagnérent
l'enfoncement de la falle. En même tems un
gros finge fauta fur la table & renverfa les
flambeaux. Quatre démons débouchérent par
le milieu du mur avec des torches ardentes;
huit autres amenérent le Procureur en hur-
lant autour de lui; celui-ci crioit: ,,je brûle,
,,je brûle, bien mal acquis, malheur à ceux
,,qui l'habitent, ils brûleront comme moi.,,
On vit encore paroître huit autres démons
fous une autre forme, avec des crocs & des
fourches, & pour ne rien laiffer à défirer,
Mandrin defcendit par la cheminée dans une
peau de taureau, effublé de cornes, & efcor-
té de quatre Maures avec des flambeaux. Ce
cortége étoit de vingt huit perfonnes; les Abbés & les Petits-maîtres étoient tranfis d'effroi;
les domeftiques ne favoient pas même s'ils
avoient des armes. Le Capucin feul voulut
montrer un peu de fermeté; un des diables
lui brûla la barbe avec fon flambeau; il s'ap-
procha enfuite des autres; & mit le feu aux
perruques & aux habits; chacun gagna la porte;

te; la déroute fut générale; on les conduisit à grands coups de torches dans le derriére. Roquairol demeura ainsi en possession du château & du souper.

Ce fut pour en faire hommage à Mandrin son maître, qui pour reconnoître ses services, le créa Lieutenant sur le champ de bataille même, en présence de tout l'Enfer. On courut à la cuisine & à la basse-cour; on rit beaucoup & on soupa bien. Les anciens hôtes ne paroissoient pas avoir envie de rentrer dans cette demeure; ils n'y avoient laissé que quelques mauvaises tapisseries, une table & des chaises. Mandrin y passa la nuit, & fit tirer quelques fusées, tandis que ses gens nourrissoient l'erreur du Public en traînant des chaînes, & en élevant des flambeaux. Comme quelque curieux pouvoit être tenté d'y venir pendant le jour, il plaça à l'entrée un homme vêtu d'une peau d'ours qui jettoit sur ceux qui vouloient avancer. Le dragon ne garda pas mieux le Jardin des Hespérides.

Mandrin dédommagé de la perte de sa caverne, fit construire des fourneaux dans les souterreins de sa nouvelle demeure, & y transporta tout ce qu'il avoit sauvé dans son petit fort. Il fit fermer la grande entrée du château, & en ouvrit une qui donnoit dans le bois par un sentier détourné. De tems à autre on faisoit grand bruit dans la maison, & tou-

toutes les nuits on élevoit trois torches allumées qui résistoient au vent & à la pluye.

Cependant on fabriquoit des Especes, & on les distribuoit dans le Royaume : il eût été dangereux d'en mettre une trop grande quantité dans la Province. Mandrin obvia à cet inconvenient, en envoyant quelques-uns de ses gens sur les frontiéres les plus éloignées; il se mit même à la fabrique des Monnoies étrangéres. Tout réussissoit entre ses mains, l'amour seul venoit semer quelque amertume sur ses plaisirs. Dans le tems qu'il en conféroit avec Roquairol, on lui amena Perrinet, qui fut fort étonné de se voir reçu avec tant de froideur; il eut beau vanter le danger qu'il avoit couru, la faim qu'il avoit soufferte, & l'adresse avec laquelle il s'étoit tiré, à peine parut-on l'écouter. ,,Tu n'es plus mon Lieu-,,tenant, lui dit Mandrin; je t'ai cru entre les ,,mains des Archers, & je n'ai pas besoin de ,,gens qui se laissent prendre; si tu ne veux ,,pas rentrer dans la classe des ouvriers, tu se-,,ras mon laquaits, voilà tout ce que j'ai à ,,t'offrir.,, Perrinet n'osa murmurer, la condition de laquais ne lui parut pas trop vile, il l'accepta.

Le Baron & son laquais montérent à cheval pour se rendre chez la belle Isaure. Le Baron dit quantité de choses tendres, que je ne me charge pas de rapporter : je craindrois

d avid'avilir un langage qui n'eſt fait que pour les belles ames, en le plaçant dans la bouche d'un monſtre qui n'avoit que de la férocité. Iſaure étoit aimable; cet Amant ſe montroit ſous un dehors ſéduiſant; elle le croyoit ce qu'il u'étoit pas, j'excuſe ſon erreur. Hélas que ſon repentir a bien juſtifié ſon cœur! Mandrin ne fut pas longtems à s'appercevoir qu'il étoit aimé, il crut même voir de la rivalité entre les deux ſœurs, & il craignit que la diſcorde ne ruinât ſon bonheur. L'aînée plaiſantoit ſouvent aux dépens de la cadette, & l'appelloit quelquefois par dériſion, Madame la Baronne. Iſaure pleura ſecrettement ſans oſer ſe plaindre; enfin elle en fit confidence à ſon Amant: celui-ci ſe hâta d'en faire part à Roquairol, qui ſaiſit habilement cette occaſion pour ſe rendre néceſſaire à ſon Maître, en liant ſes intérêts avec les ſiens. Il lui propoſa de lui donner entrée dans cette maiſon, de l'annoncer comme un Gentilhomme de ſes amis, & de ſe repoſer ſur lui du ſuccès de la choſe. Le Capitaine & le Lieutenant ſe mirent en marche avec un équipage convenable. On n'eut aucun ſoupçon de l'artifice. Iſaure trouva du plaiſir à voir ſon Amant; ſon aînée parut ſenſible aux ſoins de cet Etranger, qui ne lui déplut pas. L'air de probité qu'ils affectoient, ne parut pas étudié. Mandrin revint ſeul, & demanda la permiſſion de ramener ſon Gentil-hom.

homme; ils reparurent enfemble, & quelquefois féparément.   Enfin les chofes furent pouf-
fées à un tel point, qu'ils eurent l'impudence
de faire des propofitions de mariage; & fi
un événement inopiné n'étoit pas venu déran-
ger leurs projets, une famille refpectable alloit donner les mains à une alliance monftru-
eufe qui la flétriffoit d'un opprobre éternel.
Mais la Providence écarta l'infamie, & proté-
gea l'innocence,

Pendant que ces chofes fe paffoient au - dehors, Mandrin établiffoit une difcipline exacte dans fa Cour des Monnoies.   On travailloit
affidûment pendant la nuit, & on ceffoit le
jour.   Une partie de l'équipage étoit deftinée
à la garde du Tréfor, une autre étoit en fen-
tinelle fur les murs du château.   Quatre hommes faifoient le métier de maquignons au profit de la bande, & alloient chercher des chevaux jufques fur les frontiéres d'Efpagne. Ils
les amenoient de nuit dans les écuries du château, & les en tiroient de même pour les pro-
mener dans les Foires.   D'autres faifoient le
commerce des Indiennes & du Tabac.   Les
chambres écartées étoient plaines de ces marchandifes.   Ainfi Mandrin commandoit tout
à la fois à des faux-monnoyeurs, à des maquignons, & à des contrebandiers.   La fauffe-
monnoie fervoit à l'achat de la contrebande &
des chevaux, & le produit de la vente appor-

toit des efpéces d'une valeur réelle, dont on faifoit la repartition felon les conventions établies.　Les apparitions des morts avoient répandu la terreur dans tout le païs, & faifoient du château de Mandrin un lieu formidable. Quelques malheureux, qui avoient ofé en approcher en s'égarant dans le bois, ne paroiffoient plus dans les villages voifins.　Ce miférable les avoit fans-doute facrifiés à fes fureurs, & à fa politique.　On eût dû ouvrir les yeux fur ces événemens; mais la ftupidité du peuple eft fi grande fur l'article des Morts, que l'on s'aveugloit jufqu'à les croire auteurs de ces défordres.

L'impofture n'a qu'un tems : tôt ou tard on voit naître un moment qui tire le voile qui la couvre.　Il étoit tems que les fourberies de Mandrin paruffent au grand jour. Un jeune Officier, qui faifoit route vers Grenoble, entendit toutes les fables du peuple fur l'ame du Procureur ; il apperçut ce château inacceffible, & il fe mit en chemin pour s'y rendre, moins par envie de le voir, que par mépris pour tout ce qu'il entendoit dire.　Il frappa à la premiére porte.　L'Ours s'habilla promptement de fa peau, & vint fe préfenter pour ouvrir.　„J'aperçois un Ours, dit un Grena-
„dier qui accompagnoit cet Officier. Il n'y
„en a point en Enfer, reprit celui-ci, fai feu,
„nous en aurons la peau. „　L'Ours ouvrit,

l'Offil'Officier lui mit le piſtolet dans l'oreille, & le renverſa. „En voilà un qui eſt à nous, dit-„il, voyons s'il y en a d'autres.„ Il pouſſa à la porte, & avança. Le coup avoit été entendu. Mandrin étoit abſent. Roquairol, qui commandoit, fit prendre à ſa troupe les vêtemens qui inſpiroient de la terreur. Pendant que les acteurs ſe diſpoſoient à paroître ſur le théatre, l'Officier & ſon Grenadier briſoient les portes. La ſcéne fut ouverte par trois grands hommes vêtus de noir, & ſuivis de quàtre à cinq figures groteſques. L'Officier leur envoya du plomb, & ils diſparurent. Roquairol fit courir dans la chambre des ſerpens & des animaux venimeux. Le Grenadier en arrêta un avec le pied, & s'apperçut qu'il étoit de carton, mais conſtruit avec beaucoup d'art, & animé par des reſſorts. Il ſe jetta ſur les autres, l'Officier fit de - même. Roquairol ſentit que la peur ne pouvoit rien ſur de tels hommes, & que la découverte de tout ce ſtratagême portoit un grand préjudice aux affaires de Mandrin. Il pouvoit ſe défaire de l'Officier & du Grenadier, il avoit des armes, & des gens à ſes ordres. Il balança longtems, mais on l'en détourna dans la crainte que le Régiment, qui n'étoit pas éloigné, ne tirât de leur mort une vengeance ſanglante. Il prit un parti plus doux; ce fut de dépêcher dans le village trois de ſes gens traveſtis, avec

B 4

ordre

ordre de prévenir le peuple ; de répandre que
l'Officier & son soldat n'avoient pas osé pénétrer dans le château ; qu'ils les avoient obser-
vés de loin, & les avoient vus se cacher derriére des buissons, sans oser même entrer dans
le bois qui joignoit les allées.   Pendant ce
tems Roquairol prit un second, & entra
l'épée à la main dans la salle où étoit l'Officier.
„Je ne croyois pas, lui dit-il, rencontrer des
„vivans dans un lieu où je poursuis des morts.
„Je cherche un monstre que j'ai percé dix fois
„avec ma lame, & qui vient de disparoître à
„mes yeux.   Vous me trouvez occupé à com-
„battre des ombres, répondit l'Officier ; mais
„des animaux que je viens d'écraser, m'ap-
„prennent à démêler l'artifice.„   Roquairol
parut s'amuser à contempler ces machines ;
cependant il en remonta adroitement les res-
sorts, & il les dirigea de façon qu'elles lui
échappérent des mains, & rentrérent dans les
trous qui leur étoient préparés.   Il fit le personnage d'un homme qui s'effraye, & qui pa-
roît céder à la force de la Magie.   „Les dé-
„mons, dit-il, ont le talent de paroître morts,
„& de se ranimer à l'instant.   Vous les écra-
„sez, vous les percez, ils tombent, & se re-
„lévent à vos yeux avec la même vigueur.
„J'ai voulu tuer un Ours dans la cour, il m'a
„dit qu'un autre l'avoit tué, & qu'il ne con-
„venoit pas de le tuer une seconde fois ; en
„même

„même tems il eſt tombé à mes pieds ; voyons „ce qu'il eſt devenu.,, Ils ſortirent ; l'ours qui ne vouloit plus ſe laiſſer approcher, ſe dreſſa ſur ſes pattes de derriére, leur montra ſa peau, en leur faiſant entendre qu'ils ne l'auroient pas, & rentra dans ſa tour, dont la porte, qu'il ferma, le mettoit hors d'inſulte. Il étoit viſible que Roquairol avoit ſubſtitué un homme à celui qui avoit eu le coup de piſtolet dans l'oreille ; mais il conduiſit cette affaire avec tant d'art, qu'il fit naître quelque frayeur, & parut en prendre lui même. Rien ne gagne plus vite que la contagion de l'exemple. Nos deux Guerriers que tout l'Enfer n'eût pas effrayé, tremblérent à la voix d'un impoſteur. Ils affectérent encore une bonne contenance, & entrérent avec aſſez de hardieſſe dans des chambres abandonnées & dans des ſouterreins obſcurs, mais ce n'étoit plus avec ce même front qu'ils avoient montré en arrivant, & Roquairol connut qu'ils ne cherchoient pas beaucoup à avoir de nouveaux démêlés avec les démons. La nuit tomboit ; il les accompagna juſqu'au pied de la montagne en les entretenant de Silphes, de Gômes, de Lutins, d'Apparitions, de Preſtiges, de Sorts, & de tous les menſonges effrayans que ſon imagination lui fournit.

Nos deux Militaires firent le récit de tout ce qu'ils avoient vu, & le firent avec emphaſe ;

mais

mais ils ne perfuadérent pas, on les avoit pré-
venus. Leurs difcours ne firent pas plus d'im-
preffion que ceux de ces parleurs impitoyables
qui ont tout vu, qui ont été les héros de tous
les faits qu'ils débitent, & que l'on veut bien
laiffer parler par indulgence. Le Grenadier
s'apperçut qu'il lui reftoit quelques morceaux
du corps d'une couleuvre qu'il avoit brifée;
il courut en faire part à fon Officier, qui lui
recommanda de les conferver avec foin. Saint-
Pierre, un de ceux que Roquairol avoit envoyés, les lui enleva pendant la nuit, & y fub-
ftitua quelques morceaux de bois pourri. Cette rufe, quelque fimple qu'elle foit, acheva
dans leurs efprits la conviction de l'apparition
des Morts & des Démons; ils jettérent avec
effroi tout ce qui leur venoit de ce château formidable, & évitérent bien d'en parler au Régiment, crainte du ridicule.

Mandrin apprit cet évènement, & ne refta
pas fans crainte: il voyoit avec plaifir que l'on
avoit heureufement trompé ces redoutables
étrangers, & que le peuple ne fortoit pas encore de l'erreur: cependant il portoit fes regards plus loin; il appréhendoit que plufieurs faits réunis ne fiffent naître quelque réflexion contraire à fes intérêts, ou que d'autres
Soldats ne lui rendiffent quelque dangereufe
vifite. Tous ces malheurs lui arrivérent à la
fois.

Un de ses gens avoit acheté dans une Foire auprès de Lyon des toiles, des moutons, & d'autres provisions de bouche. Le Vendeur de moutons, bien content du marché qu'il avoit fait, jetta un écu en l'air, il se rompit en tombant; il en jetta un second, il se brisa de-même: on considéra les morceaux, c'étoit une composition de verre, d'étain & de mer-cure. Ces trois matiéres liées ensemble imi-toient l'argent, mais il leur manquoit cette ad-hésion de parties que le verre n'a pas, & que le mercure enléve à tous les métaux. On chercha le distributeur de ces espéces, on l'ap-perçut, on le poursuivit; il échappa à l'aide d'un bon cheval dont il étoit pourvu, & aban-donna sa marchandise.

Sur ces entrefaites la veuve du Procureur apprit par son Fermier que l'on voyoit un sen-tier battu au bout de sa maison, & que l'on avoit souvent apperçu de beaux chevaux qui paissoient dans l'obscurité du bois. Un Clerc, qui avoit été du fameux souper, lui dit : „je „soupçonne, Madame, qué votre maison est „devenue une retraite de Contrebandiers, & „que ce sont ces Messieurs qui nous reçurent „si bien dans la belle expédition que nous fû-„mes avec le Pére Capucin. „ Cette pensée parut une découverte. On avoit su l'avanture de l'Officier: les Clercs se joignirent à quel-ques soldats, & marchérent vers le château

au

au nombre de quarante avec des armes, & de la réfolution. Mandrin y commandoit, il retira fon monde dans le fouterrein, & s'apprêta à en bien défendre l'entrée. Il eût été inutile de vouloir difputer le terrein pied à pied; l'intention de Mandrin n'étoit pas d'engager un combat à découvert; il n'avoit aucun intérêt à conferver des appartemens que l'on regardoit comme inhabitables; il renferma fes richeffes dans fon fouterrein, & fongea à les y conferver, ou à prolonger la défenfe, pour les tranfporter ailleurs.

La troupe guerriére entra dans les cours du château, & n'eut aucune apparition ni de Portier, ni de Phantômes. L'Enfer ne voulut rien faire ce jour-là, tout demeura tranquile. La Cléricature, qui ne rencontroit aucun danger, fe répandit dans les chambres, & y trouva quelques meubles que l'on jugea de bonne prife. Ils efcaladérent les murs d'une petite cour, & firent mainbaffe fur la volaille. Les foldats forcérent la porte d'une cave, & y trouvérent d'excellent vin. Ils en roulérent une piéce en haut, & toute la bande fit grand-chére. Mandrin les voyoit, & s'amufoit de ce fpectacle; il pouvoit les fufiller, ce qui eût peut-être dérangé le repas; il aima mieux leur donner la vie, efpérant que la nuit lui fourniroit quelque occafion de s'en débarraffer autrement; il fe trompa. La Maréchauffée

avoit

avoit eu ordre de marcher, & le château se
trouva investi par des Soldats & par des Paysans.   Mandrin se tourna vers son Lieutenant,
& lui dit : „ Ces gens ne veulent pas se conten-
„ter de boire mon vin, je vois qu'il leur faut au-
„tre chose pour les satisfaire. „   Il arrangea son
monde, & se disposa au combat. Les Archers
étoient fort bien commandés : ils avoient un
Prévôt qui fit les dispositions en homme du
métier ; il plaça un Brigadier avec six Cavaliers,
des Soldats & des Paysans à la petite porte
par laquelle le souterrein aboutissoit dans le
bois, & il attaqua la grande entrée avec beaucoup de vivacité ; les murs étoient enveloppés
par des gens bien armés.   Mandrin fit tête à
ce brave assaillant, & se montra digne de lui,
tandis que son Lieutenant cherchoit à s'ouvrir
une sortie par derriére.   Roquairol l'ayant
jugée impossible, il embarrassa l'entrée avec
des pieux & des branches d'arbres, & vint re-
joindre son Capitaine.   Celui-ci, qui ne vouloit pas encore faire couler tout le sang qu'il
pouvoit répandre, eut recours aux prestiges.
Il fit annoncer par une voix terrible que l'on
n'insultât point aux cendres des morts, & que
l'Enfer alloit déployer ses fureurs.   On rit de
ses menaces, & on continua l'attaque.   Mandrin fit rouler quelques matiéres enflammées ;
il tira des fusées & des petards, qui donnérent
dans le visage des assiégeans, & les écartérent.

Ils

Ils revinrent à la charge; on leur feringua des huiles boüillantes, & du plomb fondu. Ils fuirent de-nouveau, & fe préfentérent une troifiéme fois. Alors Mandrin, qui n'avoit fait que préluder, leur demanda s'ils penfoient bien à ce qu'ils alloient faire, & leur confeilla d'y réfléchir. Ils répondirent fiérement qu'ils n'avoient point d'avis à prendre des Brigands & des Voleurs. Là-deffus Mandrin fit faire une décharge qui en tua trois, & en bleffa dix. Comme ils étoient cuiraffés, il avoit-fait tirer dans la tête & dans les cuiffes. Les Clercs, qui ne fe regardoient-là que comme témoins, fe mirent à fuir à toute jambe: quelques Soldats firent ferme avec les Archers.

Cependant le Prévôt fe rappella qu'il avoit vu quelques mauvaifes tapifferies dans les chambres; il fe retira avec fon monde, fit coudre ces tapifferies en forme de facs, qu'il remplit de terre, & fe préfenta à une quatriéme attaque, en les faifant rouler devant fa troupe. Mandrin commença à fe repentir de les avoir ménagés, & leur promit bien qu'ils apprendroient à le connoître une autre fois. Les affaillans, qui ne lui croyoient pas un fubterfuge pour leur échapper, fe moquérent de fes promeffes, & lui offrirent une demeure où il ne feroit pas le méchant. Ils enfoncérent la porte avec des léviers, & mirent le feu à ce qu'ils ne purent pas rompre. Ils pénétré-

nétrérent enfin après une attaque de trois heures. Mais quel fut leur étonnement, lorsqu'ils
n'apperçurent personne! Le souterrein avoit
environ 80. pieds de long sur 18 de large : les
flambeaux y répandoient un jour qui l'em-
portoit sur célui du Soleil même : rien ne
pouvoit échapper à la vue, & rien ne s'offroit
à leur yeux. Le Prévôt promena ses regards
sur la voûte, il n'y avoit aucune ouverture ;
il regarda à terre, le fonds étoit battu & dans
son entier ; les côtés étoient fermés par de
bonnes palissades, qui se joignoient pour em-
pêcher l'éboulement des terres. Ce qui éton-
noit davantage, c'étoit la propreté de l'endroit que l'on eût dit avoir été préparé pour
y recevoir quelqu'un. Le Prévôt ne vit pas
sans peine qu'il perdoit le fruit de ses travaux,
& ne remportoit que des coups de l'avanture.
Il ouvrit la porte qui joignoit le bois, & fit
fouïr l'endroit par des Paysans. Ce travail
fut aussi infructeux ; il culbuta bien de la terre,
& ne trouva que de la terre. Comme il
soupçonnoit qu'on n'avoit pu lui échapper
que par quelque boyau, il fit envelopper la
montagne par les Paysans, avec ordre de lui
rendre compte de tout ce qu'ils appercevroient. Il s'adressa ensuite aux côtés de la caverne,& fit lever toutes les palissades : on en trouva
cinq à six qui étoient coupées à un demi-pied
de terre, & qui s'emboëtoient exactement par

le

le moyen d'une fiche. La terre, qu'elles soutenoient, paroiſſoit plus fraîche & moins ſerrée que dans les autres endroits. On ne douta plus qu'il ne fallût ouvrir de ce côté-là, & on eſpéra une fin à tant de maux. Le Prévôt fit diſtribuer du vin aux Pionniers, & encouragea ſon monde.

Mandrin, qui s'étoit retiré par cet endroit dans un caveau enfoncé, avoit mis derriére les terres qui en fermoient l'entrée, un tambour & deſſus un verre d'eau. Chaque coup que donnoient les Pionniers, rendoit un bruit ſourd dans la caiſſe, & cauſoit un trémouſſement dans l'eau. Mandrin connut alors que l'on venoit à lui. L'ardeur des aſſaillans, les ſacs de terre dont ils ſe couvroient, lui annonçoient l'inutilité d'une défenſe; il ne ſongea qu'à gagner du tems. Le boyau qui conduiſoit à ſon grand caveau, avoit cent pieds de longueur: il retira les contreforts, & en éboula les terres pour donner de l'occupation à l'ennemi. Ceux qu'il avoit envoyés à la découverte, lui rapportérent qu'il y avoit du danger à tenter une ſortie par l'autre ouverture, qu'elle venoit d'être apperçue par quelques Payſans, & qu'un grand nombre de ſoldats accouroit pour lui en fermer le paſſage. Mandrin n'eut plus d'autre débouché que ſon gros chêne. C'étoit un arbre d'une groſſeur prodigieuſe, dont la tige avoit été creuſée par les

pluyes:

pluyes : on l'appelloit par tradition l'*Arbre de Céfar*. Il répondoit directement à un grand caveau que Mandrin avoit fait conftruire, & y portoit lé jour. Le Capitaine invita fon monde à fe charger de ce qu'ils avoient de plus précieux, & à abandonner le refte, pour s'échapper plus librement par la feule ouverture qui leur reftoit. Ils montérent tous les uns après les autres, & fe rangérent à mefure fous les branches de l'arbre, en attendant les ordres du Chef. De-là ils fondirent fur une bande de Payfans qui leur ouvrit bientôt le paffage, & ils s'enfoncérent dans l'épaiffeur du bois. Le Prévôt inftruit de cette action ne favoit où fe porter : d'un côté il falloit fuivre cette troupe, d'un autre il ne devoit pas abandonner un ouvrage qui touchoit à fa fin, où fa proye alloit lui échapper. Il laiffa deux Cavaliers pour commander l'ouvrage, & fe mit à la pourfuite des brigands. Il les fuivit fans les atteindre ; il fut fur pied toute la nuit ; il marcha tout le jour fuivant ; le bois étoit d'une trop grande étendue pour en faire l'enceinte. Mandrin conduifit fa troupe avec beaucoup d'habileté, & prit des défilés que le Prévôt ignoroit. Celui-ci revint au caveau : les travailleurs étoient enfin parvenus à le découvrir. On y trouva des meubles, des toiles, des provifions de bouche & de l'or, fur lequel on ne forma aucun défir.

C

Tou-

Toutes les Maréchauſſées des environs eurent ordre de marcher. On arrêta tous les gens ſans aveu, & on fit une perquiſition exacte tout le long de la côte de Saint André. Au bout de quelques jours on arrêta deux hommes, qui furent conduits à Grenoble, & mis en priſon. Ils furent interrogés, & connus coupables; la queſtion tira de leur bouche le nom de Mandrin, & ceux de leurs complices. Mais quel avantage réſultoit-il de ces noms? Toute la bande en avoit changé, & peu d'entre eux étoient connus dans le pays. Cependant cet aveu manqua d'être fatal à Mandrin.

Ce Chef, que les charmes de la belle Iſaure avoient ſoumis au pouvoir de l'amour, s'empreſſa d'aller oublier dans ſes bras les dangers qu'il avoit courus. Son nom étoit connu, un payſan le vendit. Les Archers, qui étoient toujours en haleine, ſe logérent dans une maiſon voiſine pour l'obſerver, & le ſaiſirent dans le tems qu'il ſortoit de la maiſon d'Iſaure.

Quel ſpectacle pour cette Amante! Les Cavaliers étoient traveſtis en bourgeois. Iſaure les prit pour des inconnus qui oſoient inſulter ſon Amant: elle engagea quelques domeſtiques à le tirer du danger; ceux-ci s'avancérent: on leur ſignifia les ordres du Roi, & on demanda à Iſaure quelle part elle prenoit au

ſort

fort d'un contrebandier, d'un fauxmonnoyeur, d'un brigand.

Isaure demeura sans réponse; la rougeur annonça sa confusion; elle courut promptement à sa chambre, & son amour se tourna en exécration. Elle versa des larmes d'indignation & d'horreur; elle déchira avec dépit toutes les lettres de son misérable Amant; elle foula aux pieds tous les présens qui venoient de sa main; & pour dérober entiérement sa honte aux yeux de ceux qui en avoient été témoins, elle fut s'enfoncer dans un Couvent dès le jour même.

Mandrin, à qui le sentiment de sa perte avoit ôté jusqu'à l'idée de la fuite, avoit été enchaîné sans peine, & marchoit sans résistance. On avoit tiré sur lui les verrouils de la prison, & il ne s'appercevoit pas encore qu'il étoit dans les fers. Il tomba sans mouvement sur la paille qui devoit lui servir de lit, & y resta longtems avec un air rêveur dans la stupidité & l'inaction. Il se leva enfin; des larmes tombérent de ses yeux; il frappa du pied, & brisa ses fers. On n'entendoit plus que jurements, qu'imprécations, que blasphêmes. Le Géollier accourut. Mandrin le mit en fuite, & continua. Le Lieutenant-Criminel se présenta pour l'interroger, il n'en tira que des sottises. Mandrin fut envoyé au cachot.

C 2

L'ob-

L'obscurité de ce séjour, la mauvaise nouriture, & plus encore le chagrin lui ôtérent les forces, il tomba malade. Le Médecin avertit les Juges que le criminel alloit leur échapper, on pressa le jugement. Mandrin s'en apperçut; les approches du supplice opérérent une révolution qui lui rendit la sante. Il parut fort, vigoureux & plein de résolution. Ceux qui avoient cru que la vue de la mort avoit pu causer cet abattement, étoient réduits à ne plus savoir que penser de cet homme. Les uns lui donnoient de l'insensibilité, les autres de la folie. Mandrin leur fit voir qu'il avoit encore quelque sagesse, si toutefois il y a une situation dans laquelle on peut donner ce nom à la conduite d'un brigand.

Mandrin s'étoit apperçu que son extérieur interessoit quelques Dévotes qui venoient de tems en tems lui rendre visite, & il savoit que la beauté des hommes peut quelque chose sur le cœur des femmes. Il affecta de paroître déterminé à ne vouloir prêter l'oreille à aucun Prêtre, il s'emporta même contre la Religion, & cita pour raison de ses refus la prétendue dureté avec laquelle on le traitoit. Les Dévotes intriguées coururent toute la ville; elles représentérent que c'étoit bien dommage qu'un bel homme fût damné; que ce bel-homme se rapprocheroit de Dieu, si on le traitoit avec moins d'inhumanité & que cela tenoit à peu

de

de chofe; à le tirer du cachot. Le Lieutenant-
Criminel reçut de côté & d'autre des fuppli-
ques, & des reproches. Il ordonna que le
prifonnier fût tranfporté dans une chambre
moins obfcure, & traité avec plus de douceur.
A cette nouvelle Mandrin s'écria comme dans
un faint tranfport : ah! je reconnois la vérité
de la Religion en ceux qui la pratiquent ; au-
rai-je un Confeffeur pour effacer mes crimes ?
On lui donna le choix dans toutes les Commu-
nautés de la Ville ; il demanda un homme qui
joignît l'exemple au difcours, ce qui faillit
encore à faire un nouvel embarras. On lui
amena un vieux Capucin, qui ne vantoit plus
la prééminence de fon Ordre fur les autres, &
il s'en contenta. Le Père fut charmé des dis-
pofitions du pénitent, les Dévotes répandirent
partout l'onction du Père, & l'efficacité de
leur petits foins. Mandrin plus libre ne manqua plus de moyens pour fon évafion. Il
rompit un barreau, & pouvoit fortir dès la
nuit même ; cependant comme il s'apperçut
que la fracture n'étoit pas fenfible, il dédaigna
cette façon de s'échapper qui lui parut peu
digne de lui : feulement il s'en fervit pour aller pendant la nuit faire part aux autres prifonniers du deffein qu'il avoit formé de leur
rendre la liberté, en fe la rendant à lui-même.
C'étoit de fouper enfemble, d'enivrer le Géolier, & d'ouvrir les portes. Les Dévotes pa-

C 3

rurent

rurent à l'heure accoutumée. „ Mes chéres
„Sœurs, leur dit Mandrin, la mort ne viendra-
„t-elle jamais expier mes crimes? Que je défire
„cet inftant qu'ont mérité mes péchés! Cepen-
„dant, je vous l'avouerai, je tiens encore au
„monde. Mais il me femble qu'il ne me re-
„fteroit plus rien à défirer, fi j'avois la con-
„folation de manger une fois avec ceux qui font
„retenus comme moi dans les fers. Procu-
„rez-moi ce plaifir, mes chéres Sœurs: je dois
„les précéder dans la route du fupplice, que
„je puiffe leur apprendre à foutenir chrétien-
„nement les approches de la mort.

Mandrin parut pénétré en prononçant ces
paroles. Les Dévotes promirent leur entre-
mife auprès du Géolier. on engagea celui-ci
à faire quelque chofe pour Monfieur Mandrin, le fouper fut accordé, & le jour pris
avec promeffe d'un fecret impénétrable.

Les convives prirent place, Mandrin parla
en Apôtre, & harangua chacun d'eux felon les
cas qui faifoient leur détention. La docilité
de l'auditoire, l'éloquence du prédicateur tou-
chérent le Géolier, il confentit à boire: le vin
étoit choifi: infenfiblement on écarta les images effrayantes de la mort, & on fe confola
en buvant. Mandrin enferma fon Géolier
dans fa prifon, il brifa les fers de fes camarades, ouvrit les portes, & marcha à leur tête
en chantant infolemment dans les rues.

On

On avoit déjà trois heures de jour, & on ignoroit la fuite des criminels. Un domestique apporta au Prévôt de la Maréchauffée un gros paquet de clefs qu'on avoit jettées dans une de ses chambres, en caffant un carreau. Il reconnut les clefs de la prifon, & y envoya promptement. Ses Cavaliers eurent ordre de marcher, ce fut en vain. Le Géolier fut condamné au cachot, les Dévotes eurent défenfe de fe mêler des affaires de la prifon, & Mandrin continua fes brigandages.

Le premier acte d'impudence par lequel commença Mandrin, fut d'écrire au Capucin fon Confeffeur, & de le prier de fe conferver pour le conduire une autre fois à l'échaffaut, en l'affurant qu'il ne vouloit pas choifir un autre Théâtre pour expirer. La lettre contenoit mille autres impertinences. Il voulut enfuite favoir quel avoit été le fort d'Ifaure; ce qu'il découvrit n'ayant pas beaucoup flatté fon orgueil, il jura de ne plus aimer de fa vie, & de tromper toutes celles qu'il pourroit féduire.

C'eft à ce tems que l'on rapporte un meurtre qui fait frémir, & qui fut précédé de quelques actions qu'il eft bon de rapporter. Mandrin avoit beaucoup perdu par la prife de fon château, & par fon emprifonnement. Sa nouvelle bande n'étoit pas encore bien aguerrie, quelques-uns même avoient déferté. Il fe rappella qu'il avoit caché quelqu'argent au

C 4

pied

pied d'un arbre, il y fit creufer, cet argent avóit été enlevé. Il feroit difficile d'exprimer quels furent alors fon emportement & fa rage. Il blafphéma, il fouhaita la perte de l'Univers entier, & jura une haine implacable contre tout le Genre-Humain. Ses anciens camarades, qu'il retrouva, lui apprirent que des Payfans des environs avoient trouvé une fomme confidérable, & en avoient fait ufage. Mandrin leur commanda d'en tirer vengeance, & ordonna le pillage de leurs maifons. Cependant comme il étoit dangereux de fe faire haïr des habitans de la côte, Mandrin fe contenta de renfermer fa haine en lui-même, & mitigea les ordres qu'il avoit donnés. On lui propofa une caverne commode pour fe loger : il répondit qu'il étoit las d'habiter fous des rochers tandis qu'il y avoit des maifons, & en même tems il ordonna à quatre de fes gens d'aller s'emparer d'un Hermitage qui étoit fitué avantageufement fur la côte ; & de pendre l'Hermite, ou de l'enfermer. La chofe fut bientôt mife à exécution ; quelques heures après Mandrin s'y tranfporta. Un des fiens avoit pris l'habit d'Hermite, on avoit gardé l'autre pour le confulter, & favoir de lui les ufages, afin de les obferver, & de tromper le peuple.

Ce jeu eut fon effet. Le nouveau Frére prit toute l'hypocrifie de l'ancien ; il fut trou-

C 5

ver

ver le Grand-Vicaire avec une prétendue obé-
dience de son Visiteur; il lui apprit que son
prédécesseur avoit été rappellé, & lui demanda
sa protection, qu'il obtint.

Mandrin, à qui les périls avoient appris à
les braver, ne put s'astreindre à se tenir enfoncé dans des chambres obscures sans oser
paroître. Il se donna pour un Officier qui
fuyoit le monde, & qui cherchoit une solitude
paisible, autant pour se remettre de ses blessu-
res, que pour songer à son salut. Il changea
de nom, prit un uniforme, mit un bras en
écharpe, & fut trouver le Grand - Vicaire Su-
périeur de l'Hermitage. Nous étions en guerre, il fut aisé de tromper le Grand-Vicaire.
Mandrin eut toutes les permissions qu'il demanda.

Les deux bandes réunies montoient à trente - huit hommes, la plupart déserteurs, ou
criminels échappés des prisons. Mandrin
songea à les loger, & à reprendre son ancien
commerce. Le travail & l'industrie ramené-
rent bientôt l'abondance, & firent oublier les
malheurs. Le Chef donna un plan pour la
construction des logemens & la sûreté de la
place, le Lieutenant Roquairol se chargea de
l'aprovisionnement & du commerce du dehors.
La nouvelle demeure étoit spacieuse, & n'avoit
d'autres défauts que l'obscurité. Elle étoit
pratiquée à quelque distance de l'Hermitage,

C 5

avec

avec lequel on avoit établi une communication
sous terre, & qui étoit comme un ouvrage
avancé, détaché du corps de la place. Il y
avoit deux sorties aux deux flancs de la montagne, & une troisiéme qu'on avoit poussée
jusqu'au bout du vallon.

Les choses étoient dans cet état lorsque cette
infâme retraite fut fouillée par le plus énorme
de tous les crimes. Une jeune femme qui
suivoit une bête égarée, eut le malheur d'appercevoir une des ouvertures de la caverne.
Le sentinelle, qui y étoit placé, ne la vit pas.
Elle entendit les coups du balancier, elle prêta
l'oreille & oublia ce qu'elle cherchoit ; bientôt
la frayeur la saisit, elle se mit à fuïr. Dans
cet instant malheureux, Mandrin se présente
à l'embouchure, il voit une femme qui fuit,
il l'arrête, & fait venir son sentinelle. Celui-
ci assure qu'il ne l'a point apperçue, les gens
de la caverne disent la même chose ; Mandrin
la saisit, & malgré ses larmes & ses cris il l'en-
traîne dans l'endroit le plus enfoncé. ,,Il faut
,,donc, dit-il à ses gens, que je sois ici Capi-
,,taine & Sentinelle. Que faisiez-vous lors-
,,que cette femme est venue observer vos ou-
,,vrages ? Quelqu'un de vous lui avoit-il don-
,,né commission de venir,, ? Ils répondirent
tous qu'ils ignoroient jusqu'à son nom. ,,C'est
,,donc un petit mouvement de curiosité qui
,,vous améne, dit Mandrin à cette infortunée ?
,,vous

„vous voulez voir, c'eſt la fureur des femmes.
„Hé bien, jettez les yeux ſur cet or & ſur cet
„argent, c'eſt le tréſor de l'Etat; je ſuis Roi,
„voilà mes ſujets. Ce fourneau ſert à pré-
„parer les matiéres; dans celui là on fait le mê-
„lange; ſur cet autre on donne au métal tout
„le degré de perfection qu'il doit avoir, &
„on le coule; ici on le frappe, là on le blan-
„chit. C'en eſt aſſez pour une femme; vous
„avez vu mes richeſſes; voulez-vous être Rei-
„ne, & les partager avec moi? Ah Dieux,
„s'écria-t-elle, que deviendroient mon enfant
„& mon mari? Ton mari, reprit Mandrin,
„tu peux le préférer à un homme tel que moi!
„qu'on l'enferme,,. Cet ordre fut exécuté.
On la mit dans la cave où étoit l'Hermite,
avec un treillis de bois qui les ſéparoit. Le
lendemain on tint conſeil, les voix furent par-
tagées. Les uns la condamnoient à la mort,
les autres ſe contentoient de la priſon, Mandrin penchoit pour ce dernier parti. La femme fut amenée devant ſes Juges. On lui dit
qu'elle avoit fait un crime en mettant le pied
dans un endroit où elle ne devoit point paroître; qu'elle n'avoit aucune liberté à eſpérer;
que ſi elle vouloit s'attacher au Capitaine par
amitié & ſans envie d'échapper, elle vivroit
parmi eux avec une chaîne au pied. Que ſi
elle s'obſtinoit à refuſer un tel honneur, elle
prenoit le parti de la mort.

Les

Les larmes & les cris avoient déjà affoibli cette malheureuſe; elle les preſſa par tout ce qu'il y a de plus capable de toucher les cœurs; elle redoubla ſes priéres, & les conjura d'avoir quelque pitié de ſon malheur & de ſon innocence. Rien ne fit impreſſion ſur ces ames farouches. Mandrin qui préſidoit au conſeil de guerre, lui ſignifia ſes intentions: elle rejetta ſes propoſitions avec horreur, & lui dit qu'elle n'achetoit pas la vie par un crime. Mandrin eſpéra que le tems & ſes aſſiduïtés la fléchiroient; il la renvoya en priſon. Quelques heures après il y fut ſeul. Il la preſſa de prendre quelque nourriture, elle le refuſa; il feignit de la douceur, de la compaſſion, ſes ruſes n'eurent aucun ſuccès. Il ſortit, & prêta l'oreille. L'Hermite ſaiſit ce moment pour encourager cette femme à demeurer vertueuſe, & lui repréſenta qu'elle devenoit coupable en ne prenant aucun aliment. Mandrin ne lui laiſſa pas le tems d'achever, il lui fit donner la baſtonnade, & le relegua dans un cachot étroit au pain & à l'eau.

La priſonniére ne devint pas plus traitable. Ses gémiſſemens continuels l'avoient réduite à un état de foibleſſe qui faiſoit craindre pour ſes jours. Mandrin renouvella ſes inſtances; il fut repouſſé avec une vigueur qu'il croyoit ne devoir pas attendre. Alors entrant en fureur, il commanda qu'elle fût dépouillée de

ſes

ſes habits, & qu'on l'attachât nue à un poteau. Dans le tems qu'il lui faiſoit eſſuyer mille indignités & mille outrages, un de ſes compagnons accourut lui apprendre qu'une femme, qui avoit trouvé un tréſor au pied d'un arbre, étoit perdue depuis quelques jours, & que ce pouvoit être celle qui étoit tombée entre leurs mains. „Quoi, dit Mandrin à cette inno„cente victime de ſes fureurs, tu as volé mon „tréſor, & tu oſes demander grace! Hélas, dit„elle, ſavois-je à qui cette ſomme appartenoit? „laiſſez-moi libre, je ne tarderai pas à vous la „rendre. Non, non, répondit Mandrin, il „faut que tu meures; voila deux poignards, „choiſis par lequel des deux tu veux périr. „Comme elle ne lui répondoit que par ſes „pleurs, il ſe trouva vers ſes gens & leur dit: „qui de vous ſera l'exécuteur de mes volon„tés? *Perſonne n'avança.* Mandrin prit le „plus jeune, & lui mit le poignard à la main, en „diſant, Tu n'es pas encore aguerri, je veux t'in„ſtruire: ſois digne d'être des nôtres, avance, „& frappe..... Tu héſites? vois-tu cet au„tre poignard? je te perce toi-même ſi tu ba„lances encore. Apprens à choiſir tes coups; „c'eſt ſur la pointe du ſein qu'il faut frapper, „enfonce. „ Comme celui-ci choiſiſſoit la place, & tardoit trop Mandrin dans un mouvement de rage, appuya fortement ſa main ſur la ſienne, & enfonça le poignard. Le ſang

jail-

jaillit avec force, la jeune malheureuse pouffa un cri aigu, & dit: ,, Hélas! j'euffe trouvé gra-
,,ce fous la dent des lions & des tigres; Dieu
,,vengerez-vous ma mort? Ah du-moins que
,,mon époux & mon enfant foient plus heu-
,,reux que moi! Cher époux, fauras-tu mon
,,fort?,, Après ces mots elle jetta un foupir, fes yeux fe fermérent, fa tête tomba fur fa poitrine, elle mourut.

Cette femme étoit âgée de vingt-deux ans. Elle laiffoit un enfant de dix-huit mois, & en portoit un autre dans fon fein. Ce fpectacle fit horreur à quelques compagnons de Man- drin, tous n'avoient pas encore appris à être barbares. Ils reftérent mobiles & comme fai- fis d'effroi. Mandrin fentit qu'il falloit fe ré- tablir dans leurs efprits, & colorer fon crime. ,,Je vous vois triftes, leur dit-il, d'où vous
,,vient ce filence? Cette femme n'a-t-elle pas
,,mérité fon fupplice, & votre Chef aura t-il
,,tort avec vous? Que vous méritez peu d'ê-
,,tre fous mes ordres, cœurs laches & timi-
,,des! Si j'avois retenu cette femme avec nous,
,,auriez-vous pu la conferver fans crainte?
,,N'eût-il pas fallu la renvoyer dans les tems
,,où nous fufpendons nos travaux pour courir
,,au commerce? Elle-même n'eût-elle pas cher-
,,ché fon évafion pendant le travail, ou pen-
,,dant le fommeil? Si je lui avois donné la vie
,,qu'elle me demandoit, quels garans aviez-
,,vous

„vous de fa diſcrétion? Le ſexe a-t-il jamais
„pu ſe taire? Vous euſſiez donc mieux aimé
„voir vos ouvrages détruits, votre Chef trahi,
„vous-mêmes pieds & mains liées releguées
„en priſon, livrês à la mort. Indignes com-
„pagnons que je devrois abandonner à leur
„miſérable ſort! eh bien, puiſque cette in-
„connue vous intéreſſe encôre, je vais vous
„apprendre qui d'entre vous doit comman-
„der, de vous, ou de moi.

Mandrin alloit ſe porter aux extrêmes dans
l'emportement qui l'agitoit. Il avoit même
ſaiſi deux piſtolets. Roquairol craignit une
révolte, il lui repréſenta que ſes gens avoient
pour lui toute la ſoumiſſion & tout le reſpęct
qu'ils devoient à un Chef auſſi ſage; qu'ils ſa-
voient le chêrir & reſpecter ſes ordres; que
cette inconnue avoit été juſtement ſacrifiée à
l'intérêt commun, & que pour lui en marquer
leur reconnoiſſance, ils alloient tous baiſer
le poignard qui les avoit délivrés d'une enne-
mie ſi dangereuſe. Il s'avança le premier,
& la baiſa: chacun fit de même. Mandrin
parut ſe calmer; il ordonna qu'on lui ôtât
ce ſpectacle de devant les yeux, & il rentra
dans l'Hermitage ſans montrer aucune agita-
tion ni aucun trouble.

L'Hermitage de Mandrin étoit ſitué à quelque diſtance d'une Ville fort gracieuſe, & avoit
autour de lui pluſieurs petits Villages où le bon

Frè-

Frère alloit faire la quête. Mandrin, qui
avoit juré de haïr toutes les femmes en paroif-
fant les aimer, eut à choifir pour adreffer
des foupirs fimulés. Son extérieur prévenoit
agréablement, & fa converfation charmoit.
Il trouva le fecret de plaîre, & en laiffa des
preuves parlantes tant à la Ville qu'au Village.
On ne parloit que du beau Chevalier de Mont-
joli. C'eft le nom qu'il s'étoit donné. Les
Dames fe le difputoient, & les maris n'en paroiffoient pas fort charmés. Comme il avoit
dans fa maifon tout l'attirail d'un Hermite, il
fe montra quelquefois dans cet équiqage, afin
d'éprouver fous quel habit il feroit plus de
conquêtes.

Ces défordres vinrent aux oreilles du Grand-
Vicaire, qui manda l'Hermite & l'Officier.
L'Officier vint feul. L'air d'humilité & de
grandeur qu'il fut allier enfemble, defarma le
Grand-Vicaire, qui ne fut fur quel ton il devoit lûi parler. Mandrin fentit l'effet de fon
impofture. Il marqua fon étonnement fur
ce qu'un Eccléfiaftique auffi éclairé donnoit
fi légérement fa confiance à des gens qui cherchoient à le furprendre. Il dit qu'il fe feroit
un devoir de lui rendre compte de fa conduite,
& qu'ayant cherché la folitude pour gémir devant Dieu, on avoit tort de préfumer qu'il
voulût rentrer dans le monde pour plaîre aux
hommes.

Le

Le Grand-Vicaire, qui avoit la réputation d'un Théologien profond, donna pleinement dans le panneau avec toute sa capacité Ecclé-siastique. Il fit des excuses au Chevalier de Mont-joli, & le retint à dîner. Pendant le re-pas on agita l'affaire de l'Hermite. „Oh pour „celui-la, dit le Grand-Vicaire, je suis dans „une colére affreuse contre lui. Je vous con-„seille, reprit Mandrin, de lui apprendre un „peu son devoir. Il s'en écartera si on ne l'y „raméne. Je me suis apperçu de bien de pe-„tites choses qui ne sont pas dans son état. „Il commence à négliger la priére; je sens „que ma présence le retient, & j'entrevois qu'il „s'oublieroit bientôt s'il ne m'avoit pas„. Au même instant on annonça le Frére. „Qu'il „entre, dit le Grand-Vicaire, j'ai trop de cho-„ses à lui dire„. L'Hermite parut avec un air soumis, & se prosterna; il se tint le vi-sage contre terre, & pleura amérement. „Qu'ai-„je besoin de vos pleurs, lui dit le Grand-Vi-„caire? d'où vient ce scandale que vous cau-„sez dans l'Eglise? Quoi, fait comme vous „êtes, laid, mal vétu, hideux, vous allez faire „l'aimable dans les Villages! Voilà dix enfans „que l'on vous met sur le corps. Ah! Mon-seigneur, répondit l'Hermite en pleurant, je „n'ai pas interrompu pour cela l'Office Divin, „je ne les ai faits que dans mes heures de re-„creation„. Le Grand-Vicaire indigné le

D

chassa

chaffa avec le pied, & le menaça d'une pu-
nition exemplaire. Mandrin rit beaucoup de
l'ingénuïté de fa réponfe, il s'en fervit même
pour faire voir au Grand-Vicaire que cet homme étoit plus fimple que méchant; cependant
il conclut qu'il falloit en écrire à fon Vifiteur,
& il fe chargea de lui en demander un autre.
Le lendemain il apporta la Lettre : l'air de fé-
vérité qu'il prit fut trouvé très à propos   On
loua fa piété, fon zéle; & on gémit de voir
des gens, qui tenoient en qnelque façon à l'E-
glife, prendre des leçons d'un Militaire.

Cependant on commençoit à compter neuf
mois depuis l'arrivée du Chevalier de Mont-
joli, & quelques perfonnes redoutoient l'ac-
compliffement de ce terme fatal.   Il arriva enfin, & fit une augmentation dans plufieurs fa-
milles.   Les plaintes éclatérent.   On courut
aux Juges, au Grand-Vicaire, à l'Hermitage.
Celles qui n'avoient pas encore dépofé leur far-
deau, & que Mandrin avoit trompées par de
fauffes promeffes, ouvrirent les yeux aux cris
du Public, & verférent des larmes qu'il eût
fallu prévenir.   Les méres vinrent en fureur
crier aux portes de l'Hermitage, & menacé-
rent d'y mettre le feu.   Une d'entr'elles l'y
mit effectivement.   Ce fpectacle attira tous
les Payfans des campagnes; les femmes ne
virent point paroître le Chevalier & l'Hermite, elles crurent qu'ils avoient péri dans les
flam-

flammes, & elles s'applaudirent de leur vengeance.

Au bout de huit jours Mandrin fit paroître
un autre Hermite avec une Lettre de son Visiteur au Grand-Vicaire. Le nouveau Frére
étoit infirme & vieux, il demanda pardon au
Public des égaremens de son prédécesseur, &
pria tous ceux qu'il rencontra de l'aider de leurs
priéres pour réparer l'énormité de ses fautes,
Il distribua des chapelets & des images, & fut
si bien jouer le personnage d'imposteur que
l'on ne s'apperçut pas même qu'il n'avoit qu'u-
ne barbe postiche. On l'aida à rebàtir la maison; on le consola des dommages causés; en
peu de tems il passa de la disette à l'abondance.

Mandrin s'ennuya daus un séjour où il n'o-
soit plus paroître, il se mit à voyager, & son
absence causa la perte de ses gens. Comme
le Chef ne présidoit plus aux travaux, les ouvriers s'accoutumérent insensiblement à mépri-
ser les ordres de Roquairol. Ils se répandirent dans les Villages, & y causérent du tu-
multe. On les suivit, leur demeure fut découverte. Mais l'expérience avoit appris qu'il
y avoit du danger à attaquer ces brigans sans
être bien muni d'armes & en grand nombre,
Tous les Cavaliers des Maréchaussées de Grenoble, de Valence & des Villes voisines, marchérent avec beaucoup de célérité & de secret.
La montagne fut investie, & l'Hermitage as-

siégé.

fiége. On enfonça les portes fans trouver aucune réfiſtance, & fans appercevoir perſonne. On fut longtems à découvrir le chemin obſcur qui menoit au grand ſouterrein pratiqué dans l'intérieur de la montagne; & ſi ce fâcheux incident n'eût pas retardé les progrès des aſſiégeans, c'étoit fait de la bande. Tout y étoit en confuſion. Roquairol & Perrinet ſe diſputoient le commandement; celui-ci avoit une faction qui oſa demander ſon rétabliſſement, & qui refuſa d'obéir. Roquairol avoit un parti plus fort à lui oppoſer. Ces deux coquins ſe battirent dans la chaleur de l'emportement, & peut-être dans les fumées du vin. Perrinet fut encore malheureux; il reçut deux coups qui l'abattirent; ſon parti fut enfoncé, il y eut des bleſſés & des morts, l'acharnement ne fut pas aſſez grand pour cauſer un dommage plus conſidérable; l'idée du danger ſe renouvella, & fit ceſſer un combat qui eut dû ne trouver ſa fin que dans l'extinction de ces dangereux ennemis; mais ils devoient vivre encore pour nous montrer ce que peut la ſcéléräteſſe, & faire briller les funeſtes talens de Mandrin. Ils ſe chargérent promptement de tout ce qu'ils purent emporter, mirent le feu au reſte, tuérent les bleſſés qui ne pouvoient pas fuir, & s'échappérent par le conduit qui les mena loin de l'enceinte de la montagne.

Le

Le véritable Hermite qui avoit été relegué dans un cachot, fut trouvé sans mouvement & presque sans vie. Il y avoit plusieurs jours qu'on avoit oublié de lui porter à manger, on le rendit à la lumiére. Mais quelle douleur pour lui de se voir chargé de chaines & trainé dans une autre prison pour paroître devant le Juge! On n'eut pas de peine à reconnoître son innocence; chacun s'empressa alors de savoir de sa bouche la vie qu'il avoit vu mener à ces brigans. Il leur apprit le meurtre de la femme; les coups de bâton qu'il avoit reçus à ce sujet, & la dure pénitence que Mandrin avoit fait faire à deux Employés. C'étoit deux jeunes gens pleins de zéle pour les intérêts de la Ferme, qui avoient confisqué quelques marchandises de Mandrin, & que Mandrin avoit surpris. L'un étoit âgé de vingt ans, l'autre en avoit dix-huit; de la hardiesse, du courage, & une forte envie de parvenir. Mandrin les mit en cage, d'où il les tiroit trois fois le jour, pour leur faire faire ce qu'il appelloit l'exercice de la Ferme. Cet exercice, auquel ils eurent peine à s'accoutumer, consistoit à paroître nuds en chemise devant la troupe assemblée, à se prosterner aux pieds du Chef, & à lui demander humblement pardon des dommages qu'on lui avoit causés. Le grand Pénitencier les relevoit ensuite, & leur demandoit lequel étoit plus de leur goût, de la bastonnade ou

du

du fouët. Il falloit opter, & alors on leur déchargeoit quarante ou cinquante coups de bâton sur le dos ou sur la plante des pieds, en les assurant que c'étoit pour le bien de leur ame. Lorsqu'ils avoient choisi le fouët pour varier, on les étendoit sur une grosse poutre de bois, à peu près comme on amarine sur un canon, & on frappoit sur le derriére avec un jonc fendu en quatre, au bout duquel étoient des cordes nouées; & lorsque la peau s'ouvroit sous les coups, on frottoit la partie affligée avec du vinaigre dans lequel on avoit fait infuser du poivre d'Espagne, & on appli-quoit promptement une emplâtre de boue & de sel. Quelquefois on les suspendoit en l'air pour amuser pendant le repas, & on les fai-soit tourner à grands coups de verges. En d'autres tems on les élevoit de terre en leur passant les mains entre les jambes, ce qui leur ployoit le corps en rond, & on touchoit de toutes parts. Ils avoient défense de se tenir sur leurs pieds en présence des gens de la ca-verne; l'ordre portoit qu'ils ramperoient com-me les bêtes, & dans cet état on leur jettoit des morceaux de pain que la faim leur faisoit dé-vorer. On les renfermoit ensuite dans leur cage, en les avertissant de se tenir prêts pour l'exercice prochain, & on les nourrissoit dans la plus grande frugalité. L'Hermite assura bien que jamais il n'avoit succombé à la ten-

tation

ration de leur donner des avis, & il ajoûta qu'il ignoroit abfolument ce qu'ils étoient de-venus. On préfume que Roquairol preffé de fuïr, mit le feu à la cage, & les fit périr dans les flammes.

Quant à la vie que menoient ces brigans, el-le étoit partagée entre le travail & la volupté. Il y avoit un ordre établi pour les tems de for-tir & de rentrer; ils mangeoient tous enfem-ble; Mandrin feul avoit une table particuliére de fix couverts, à laquelle il les admettoit fuc-ceffivement. Ils avoient les meilleurs vins du pays & des viandes choifies, quelques-uns d'entr'eux jouoient des inftrumens & amu-foient après le repas. Le tems de dormir étoit depuis huit heures du matin jusqu'à qua-tre heures du foir, celui du travail étoit depuis neuf heures du foir jusqu'à quatre du matin. Le Capitaine & le Lieutenant étoient les Juges des querelles qui s'élevoient: ceux qui en leur préfence en venoient aux voyes de fait, étoient punis par la prifon. On foupçonne qu'ils avoient quelques femmes traverties en hom-mes; Mandrin ne voulut jamais admettre que celles qui étoient vraiment mariées, ou paren-tes de ceux qui travailloient fous lui; & il fe montra toujours attentif à prévenir l'embar-ras des enfans, & des dangers de l'indifcré-tion.

D 4

Lors-

Lorsque les Archers eurent pénétré, ils ne trouvérent que de la fumée & des cendres. Ils apperçurent une chambre qui recevoit quelque jour de biais, & qui avoit été épargnée : autour étoient de fausses armoires, qui paroissoient être le dépôt des tréfors de Mandrin. On se contenta de placer un sentinelle à la porte, & on battit la campagne pour découvrir la bande ou les traîneurs. A peine les brigades furent-elles à quelques pas de l'Hermitage, que l'on enrendit un grand bruit ; c'étoit la salle qui sautoit en l'air avec fracas. Mandrin avoit fait pratiquer une mine par-dessous, & Roquairol qui avoit mis le feu aux mêches en sortant, crut avoir enveloppé dans ce bouleversement la plus grande partie des Maréchaussées du Dauphiné ; il s'arrêta dans cette cónfiance, ignorant que les terres n'avoient couvert que le sentinelle, & quelques curieux.

Cependant les Villages voisins avoient ordre de prendre les armes, & de sonner le tocsin lorsqu'ils appercevroient ces ennemis de l'Etat. Mandrin revenoit avec beaucoup de sécurité ; la fermentation qu'il apperçut dans les campagnes, le son des cloches qu'il entendit, lui apprirent ce qu'il avoit à craindre. Il poussa son cheval & apprit de quelques paysans l'endroit où l'on avoit vu paroître la bande que l'on cherchoit. Il feignit de se joindre à eux pour les combattre, & fut droit au bois

où

où ses gens avoient fait leur retraite. Roquairol n'avoit pas encore eu le tems de se retrancher, & il croyoit même ne pas avoir besoin de cette précaution, se persuadant faussement que c'étoit fait des Archers, & qu'il n'avoit à se défendre que contre des paysans peu aguerris. Mandrin, qui avoit vu le danger, fit abattre promptement des arbres qu'il entrelaça, & exhorta son monde à bien faire. Le Prévôt des Archers, que l'on dit être le même que celui qui avoit forcé le château du Procureur, ne crut pas devoit exposer témérairement ceux qu'il commandoit. Il fit faire une quantité considerable de fagots, que les paysans jettérent devant eux en approchant, & il y mit le feu. Le vent, qui étoit violent, porta les flammes dans les retranchemens, & au visage des assiégés, ce qui les incommoda beaucoup. Mandrin voulut point périr par le feu ; il déboucha par le côté où les flammes ne portoient pas, & forma un bataillon quarré. Sitôt qu'il parut, on fit sur lui des décharges qui ne blesserent que quelques hommes, & il avança fiérement en faisant un feu continuel. Le Prévôt ordonna aux paysans de s'ouvrir, & de se former sur deux haies qui ne cessoient de faire des décharges, quoique fort éloignées. Mandrin, au-lieu de suivre cette route, se replia brusquement sur un des côtés ; mais sa troupe étoit affoiblie par le nombre des blessés.

D 5

Le

Le Prévôt, qui avoit voulu l'amener à ce point
fondit deſſus avec ſes Cavaliers, & acheva de
le détruire le ſabre à la main. Pluſieurs de
ces coquins furent tués, d'autres s'échappérent
par la fuite, & une partie mourut ſur les rochers des bleſſures qu'ils avoient reçues. Mandrin fut pris tout couvert de ſang & de pouſ-
ſiére, & avec lui ſes deux fréres & cinq de ſes
gens. On aſſure qu'il auroit pu fuir, & qu'il
ne ſoutint un combat ſi opiniâtre que pour
couvrir l'évaſion de ſes camerades. Il fut ter-
raſſé par deux Employés d'une brigade voiſine, & c'eſt ce qui lui a fait jurer contre eux
cette haine implacable qui a fait couler des ruiſ-
ſeaux de ſang.

Mandrin, auſſi tranquile dans les fers qu'à
la tête de ſa bande, fut conduit en priſon entouré de huit fuſiliers, la bayonette au bout
du fuſil. En chemin il demanda un verre
d'eau, & dit qu'il avoit aſſez combattu pour
être altéré. On le tint éloigné de ſes gens que
l'on mena ſous bonne garde, & on les jetta
dans les priſons de Grenoble. On prit toutes
les précautions poſſibles contre la ſimplicité
des Dévotes, Mandrin ne parla qu'à ſes Juges; il fut condamné à mort, & mené au ſup-
plice. La ſeule grace qu'il demanda, fut de
ne pas être conduit en charette. On accorde
aſſez les demandes des criminels dans ces der-
niers momens: on permit qu'il fût à pied, &
on

on ordonna qu'il eût les bras liés avec une cor-
de, & les pouces étroitement ferrés avec une
ficelle forte. Il marcha dans cet équipage jusqu'à la vue de l'échaffaut: alors ce fpectacle
ranima fes forces; il rompit les cordes; étendit les bras; culbuta le Confeffeur, le Bourreau, les Archers; donna tête baiffée dans la
foule; gagna la porte de la Ville & les mon-
tagnes. On courut, mais il couroit mieux.
Ses deux fréres & fes camarades perdirent la
vie, Mandrin fauva la fienne.

Tandis que l'on montroit à Grénoble les
cordes du Criminel, que les uns attribuoient
ce prodige à la force fecrette de quelque herbe,
& d'autres à une vertu magique, les Archers
fecrettement piqués de cet affront, fongeoient
à le réparer. Ils envoyérent le fignalement
de Mandrin dans toute la Province, & mirent
des efpions fur pied. Mandrin, qui avoit pré-
vu ces recherches, marcha longtems fans fe montrer. Au bout de quelques jours il apperçut
une Chartreufe; il s'y préfenta avec de fauffes
Lettres pour être reçu au rang des Convers,
ou Portier. On l'examina longtems, on balança, il fut refufé. De-là il fe retira dans un
petit bois pour dévalifer ceux qui tomberoient
fous fa main. La néceffité ne lui laiffoit plus
aucune reffource. Le premier qui fe préfenta, fut un Cordelier. Mandrin lui demanda
s'il pouvoit confeffer. Le Père dit qu'il en

avoit

avoit les pouvoirs. Mandrin l'emmena dans le bois, prétextant un malade à l'extrémité; là il lui ordonna de quitter fes habits, & fe les fit donner par force, en lui abandonnant les fiens. Il voulut bien ne pas fe défaire de lui. Son intention étoit de laiffer vivre un homme qui alloit publier par-tout, que Mandrin étoit vêtu en Cordelier, & d'attirer les yeux des Archers de ce côté là, tandis qu'il s'apprêtoit à jouer un autre perfonnage. Il avoit ouï dire qu'un difciple de Cartouche avoit fait grand bruit en Normandie avec la Chaffe de Saint Hubert. Il forma le deffein d'ufer de ce ftratagême, efpérant le mieux conduire. Ils s'ouvrit à un ami, mais il fut trahi & arrêté. Il y avoit une nuit à paffer pour le conduire à Grenoble, les Archers redoutérent ce tems. Ils chargérent Mandrin de fers, de cordes & de poids; ils le defcendirent dans une citerne, qu'ils fondérent; ils mirent deffus des bois & des pierres, & placérent deux fentinelles que l'on relevoit de deux heures en deux heures. Ces précautions paroiffoient affurer la prife. Cependant Mandrin fe défit de fes poids, caffa fes cordes, & fe fervit de fes fers pour ouvrir le mur qui donnoit dans une cave. Il battit le briquet, examina les lieux, força quelques portes, & prit fon chemin par des fentiers que lui feul connoiffoit. Il vint jusqu'à Embrun, de-là il defcendit à Avignon, & remon-

ta

ta les bords du Rhône pour fe rendre à Viviers, où il comptoit favoir quelques nouvelles de ceux qui avoient échappé au dernier combat. On lui dit que plufieurs étoient morts de leurs bleffures, & que l'on foupçonnoit que Roquairol avoit eu ce malheureux fort, mais que l'on étoit affuré que Perrinet étoit vivant. Mandrin continua fa route, & fut à Lyon où il s'engagea. Il y avoit du danger à paroître; il feignit une maladie; emporta l'argent du Capitaine, & lui débaucha trois hommes de recrue qu'il emmena. Perrinet de fon côté le joignit avec quatre autres. Au bout de huit jours la nouvelle bande montoit à quatorze, tous gens profcrits & pleins de courage. Comme ils fe trouvoient fur les frontiéres, Mandrin les mena fur une montagne, de laquelle ils découvroient les terres de France & celles de Savoye. La faifon étoit rigoureufe & le froid très-piquant. On ignoroit quel but avoit cette démarche, à laquelle on ne fe prêtoit que par la confiance que le Chef avoit fu gagner. Mandrin fit dreffer un Autel avec du bois & de la terre; il plaça deffus un trépied, des charbons allumés, de l'encens dans un baffin, une feuille de parchemin, & une lame d'acier. Autour étoient quatorze fiéges préparés avec de la terre, & au milieu celui du Chef plus élevé que les autres. Mandrin prit place, tous firent de-même; il enfonça fon chapeau, & leur parla en ces termes. „Vous

„Vous voyez, chers compagnons, un Chef
„qui a su braver plusieurs fois les caprices de
„la fortune, & les périls des combats. Eprou-
„vé dès longtems par les bizarreries du sort,
„j'ai vu ma puissance affermie & ruinée
„j'ai commandé en Souverain, j'ai vécu dans
„les fers ; & dans ces différens états mon ame
„inébranlable a vu d'un œil égal ses pertes &
„ses succès. Un seul souvenir m'afflige. Ne
„croyez point, chers compagnons, que je
„porte mes regrets sur cette abondance d'or
„qui auroit pu éblouir mes yeux, ou sur les
„plaisirs tranquiles de cet Hermitage qui de-
„vroit être cher à mon cœur. Non ; que des
„Archers acharnés à ma perte m'ayent traité
„avec infamie, j'excuse leurs fureurs ; que
„des Juges imbus des prétendues idées du
„Bien-public m'ayent envoyé au supplice,
„j'oublie l'erreur de leur conduite. Les uns
„ont des maîtres, ils devoient obéir ; les au-
„tres ont des loix, ils ont cru les suivre.
„Mais, le dirai-je ? que de vils Employés ayent
„porté sur moi leurs perfides mains, qu'ils
„m'ayent insulté avec outrage, & qu'ils attri-
„buent à la bravoure ce qu'ils ne doivent qu'à
„la fraude, ou à l'épuisement de mes forces,
„voila, chers compagnons, ce qui fait l'op-
„probre de mes jours, & ce que je n'envisage
„qu'avec horreur. Mais ce glaive, ce bras
„qui a pu combattre, sauront venger l'affront
„dont mon front est couvert. Oüi, je jure
„à

„à cette race odieuse une haine implacable; je
„veux leur porter une guerre qui ne s'éteindra
„que dans leur sang ou dans le mien; si ma
„mort devient nécessaire à l'exécution de mes
„projets, puissai-je dès ce moment immoler
„toutes ces victimes à ma vengeance, & de-
„scendre chez les morts. Cet autel, cet en-
„cens, ces feux sont les garans des sermens
„que je fais. C'est peu de les prononcer aux
„Dieux du Ciel & des Enfers. Je vais les écrire
„de mon sang. Approchez chers compagnons,
„& jurez avec moi.

Mandrin avança vers l'autel, ses compagnons l'entourérent un genou en terre & le
glaive à la main; il prit la pointe d'acier, s'ouvrit le bras, traça des caractéres avec son sang.
fit des évocations magiques sur le trépied, brula
de l'encens, & la main levée il jura à la Ferme & aux Employés toute la haine qu'Anni-
bal avoit jurée aux Romains. Le serment fut
prononcé successivement par tous ceux qui
l'entouroient, & trop religieusement observé.

Après cette cérémonie Mandrin se plaça sur
son Trône une seconde fois, puis montrant
à ses compagnons les Terres de France & de
Savoye, il leur dit. „Chers amis, prome-
„nez vos regards sur ces riches contrées, voilà
„le théâtre de nos expéditions militaires; cette
„terre a des richesses que cette autre n'admet
„pas; transportons-les d'un Royaume dans un
autre;

„autre; je vous en donne les droits, & j'a-
„bandonne ceux qui m'ont fait frapper la mon-
„noye des Souverains. Ne fongeons qu'à
„commercer le fer à la main; & fi quelques
„vils Employés y mettent obftacle, frappez,
„& portez la mort jufqu'au fein de leurs foyers
„mêmes,,.

Ces difcours produifirent tout l'effet que
Mandrin en devoit attendre. Ses compagnons, engagés par ferment & par état, fe
livrèrent aveuglément à fes volontés. Ils furent fur les Terres de Savoye, & apportérent
des marchandifes de contrebande malgré les
rigueurs de l'Hiver. Le 5 Janvier 1754. ils les
dépofèrent au Village de Curfon, & le 7 ils
apprirent que cinq Employés de la Brigade de
Romans étoient à leur pourfuite. Mandrin
fourit à cette nouvelle, & vit avec un plaifir
fecret qu'il touchoit au moment d'entamer le
projet de fes vengeances. Il laiffa trois hommes pour la garde de fes marchandifes, en envoya un à la découverte, & marcha avec quatre autres. Les Employés étoient fans défi-
ance. Mandrin fut à leur rencontre; il les
aborda poliment, leur donnant à croire qu'il
étoit lui-même employé. Mais à peine eut-il
remis le chapeau qu'il fit une décharge de tout
fon monde, qui tua le Brigadier avec un Employé, & en bleffa deux autres, dont un ne
vécut que deux jours. „ Ces gens ont de bel-
„les

„les armes, dit Mandrin, je veux m'équiper
„à la brigadiére, & faire un échange„. Il
jetta fur fon dos le manteau du Brigadier, prit
fon chapeau, & monta fur fon cheval. L'é-
quipage des autres fut au profit de la troupe.

Le lendemain on apprit qu'un Employé de
la Brigade du Grand Lemps paroiffoit fâché
de ne s'être pas trouvé avec la Brigade de Romans, & qu'il ne cherchoit que l'occafion de
montrer fon courage. Mandrin promit de
l'aller voir, il tint parole. La nuit fuivante il
fut frapper avec fes gens à la porte du Sieur
du Tret, qui étoit cet Employé; il lui demanda en quoi on pouvoit l'obliger. Du Tret
étonné du compliment fit de mauvaifes excu-
fes, dont on ne fe paya pas. On prit fes meubles, fes armes, fon cheval; & fa femme elle-
même fut obligée de conduire les voleurs dans
les endroits où il y avoit à piller, tandis que
fon mari fe déroboit à leur fureur.

Mandrin trouva de la grandeur d'ame dans
l'air avec lequel cette femme vit piller fa maifon, & emporter fes meubles; il balança pour
les lui rendre, & ce ne fut qu'en confidéra-
tion de cette générofité qu'il ne fit pas de plus
grandes recherches contre fon mari qui devoit
fubir la loi du ferment. Le bruit de ces deux
actions fe répandit dans toute la province.
L'efpoir du gain, l'amour du pillage attiré-
rent à Mandrin quantité de fujets, qui deman-

E

dérent

dérent à être infcrits. On exigeoit de deux chofe l'une. La premiére, qu'ils fuffent déferteurs, afin de ne pas être tentés de trahir la bande, par la vue de leur propre danger. La feconde, qu'ils euffent été au moins une fois condamnés à être pendus pour raifon de contrebande, ou de fauffe monnoie, & qu'ils euffent fait preuve d'adreffe en forçant les prifons. On n'admettoit pas aifément ceux qui n'étoient que voleurs, affaffins, ou infolvables. On trouvoit aux uns trop de timidité dans le péril, & aux autres un défaut d'induftrie dans le commerce. Après de longues épreuves, & des recherches fur la vie paffée, le Récipiendaire étoit interrogé fur la connoiffance des fentiers & des défilés; fur les gués des riviéres; fur la façon de paffer les marchandifes de différente efpéce; fur l'art de faire faire de fauffes courfes aux Employés; fur la maniére d'attaquer les Brigades, & de s'en défaire. Il prétoit enfuite le fameux ferment dont nous avons perdu la formule, & prenoit place dans le corps, moins felon le rang de réception, que felon les talens.

Le Dauphiné, le Languedoc, une partie de l'Auvergne, le Lyonnois & le Maconnois étoient inondés des marchandifes de Mandrin, ce qui commençoit à porter préjudice au Commerce, & plus encore aux droits de la Ferme. On dit même qu'il s'étendoit jufques dans la

Fran-

Franche-Comté, d'où il alloit se fournir dans la Suisse. Il passa la fin de l'Hiver, & le Printems de 1754, à se répandre dans les Villages & les Bourgs de ces différentes Provinces. Au mois de Juin il se rapprocha de Vienne, & le sept il se trouva sur les bords du Drac. Cette riviére, ou plutôt ce torrent lui parut trop rapide; le détour lui montroit un chemin trop long, il résolut de forcer le pont de Claix. Perrinet prit un habit d'Officier avec une Croix de St. Louis, se présenta à la tête du pont suivi d'un domestique, & demanda passage. Un des Gardes ouvrit; Perrinet lui brûla la cervelle, & se rendit maître du passage; toute la bande vint fondre à l'instant, & s'étendit sur le pont. Les Employés parurent, on les poussa dans leurs corps-de garde; bientôt on força les portes, on blessa plusieurs d'entre eux, & tout fut au pillage. Un Particulier voisin du pont vit cette scéne, & crut ne devoir être que témoin; Mandrin fit investir sa maison, & le somma d'en ouvrir les portes; il fit des perquisitions par-tout, & soupçonnant toujours qu'on le trompoit, il commanda au propriétaire de lui livrer ceux qui s'étoient réfugiés chez lui, en le menaçant de le faire pendre à sa porte. Le propriétaire l'assura mille fois qu'il n'avoit donné asile à personne, & demanda grace. „Non, dit Mandrin, tu ne peux „pas être honnête-homme, puisque tu as choisi

un

„un fi mauvais voifinage. Devois-tu te con-
„fondre avec un tas de vils Emplyés ? Ce fut
„un malheur pour Mantoue d'être trop voifi-
„ne de Crémone ; c'en eft un pour ta maifon
„de toucher à un pont qui m'eft contraire. Je
„te livre au pillage,,. Il n'y eut pas à repli-
quer. Mandrin avoit trente fcélérats qui favoient obéir.

Le dix du même mois quelques Employés
de la Brigade de Taulignan prirent le chemin
de Montelimart, où étoit leur pofte. Mandrin campoit à Laine, petit Village à quelques
lieues de Montelimart. Il fut inftruit de leur
marche, par fes efpions. „Quoi, dit-il, ces
Meffieurs paffent & ne me rendent aucune vi-
„fite : je veux les aller faluer au paffage,,. Il
prit fix hommes bien armés, & fe plaça derriére des buiffons épais. Il découvrit les Employés de loin, & comme ils ne marchoient
pas enfemble, il jetta au milieu du chemin
une lettre à fon adreffe, & un mouchoir d'In-
dienne pour les occuper. Ceux qui s'avancérent les premiers crurent avoir fait une grande découverte : ceux qui étoient derriére dou-
blérent le pas, & lorfqu'ils furent réunis Mandrin fit fa décharge. Les Employés prirent
la fuite. Un d'entre eux tomba à dix pas ; un
fecond s'arrêta à caufe de fa bleffure, & fut
maffacré inhumainement ; deux autres s'échappérent en teignant les chemins de leur fang.
                                              Ces

Ces actes d'hostilité ne plaisoient pas beaucoup aux brigades des Fermes, qui n'en remportoient aucun avantage. Les nouvelles qui leur venoient de tous côtés, leur apprenoient que ces meurtres n'étoient que le prélude d'une guerre plus sanglante qu'on leur préparoit, & que leur perte avoit été jurée sur les autels. Leur intérêt particulier se trouvant lié avec celui de la Ferme, ils songérent à pourvoir à l'un & à l'autre. Comme il importoit beaucoup d'être informés des démarches de l'ennemi, ils répandirent des espions dans les campagnes, & eux-mêmes ne marchérent plus qu'avec beaucoup de circonspection. Mandrin apprit que sa conduite étoit observée; il donna ordre à ses gens de n'épargner aucun des espions qui tomberoient entre leurs mains, de les accrocher aux branches des arbres, ou de les fusiller, ce qui fut malheureusement exécuté dès le lendemain.

Le 11 Juin un Sergent du Régiment de Belsunce, qui faisoit recrue dans le Vivarais, passa par la Paroisse de Saint Bozile; la chaleur étoit grande, il demanda un cabaret, & s'arrêta quelque tems à la porte de celui de Thioulle qu'on lui indiqua. Les Contrebandiers qui y buvoient en prirent ombrage; un d'entre eux lui demanda brusquement qui il étoit, & ce qu'il prétendoit faire: le Sergent, peu accoutumé à ces sortes de demandes, répondit

avec

avec beaucoup de réfolution. Là-deffus ils
fortirent trois, & lui déchargérent trois coups
de fufil ; il tomba en faifant un mouvement
pour fe défendre, & expira. Ce meurtre a-
yant excité la compaffion de ceux qui en avoient
été témoins, on demanda aux Contrebandiers
pourquoi ils déchargeoient ainfi leur fureur
fur un innocent qui n'avoit aucun intérêt à démêler avec eux. Ils répondirent que cet homme étoit un Employé, travefti, ou un Efpion ; & fur ce qu'on leur montra le contraire, ils marquérent quelque peine pour cette
méprife, & ajoûtérent qu'il étoit également
dangereux d'être Employé, ou d'en avoir les
apparences.

La bande fe répandit enfuite dans le Rouer-
gne, & commit de grands défordres dans les
Villages. Les femmes fe cachoient, les filles
n'ofoient fe montrer. La force amena la licence. On forçoit les maifons, dont on ne
chaffoit que les maris ou les péres, & on s'y
établiffoit en maîtres. On avoit beau payer
en contrebande, ou en argent : ces fommes
n'entroient point en compenfation avec l'ufur-
pation de certains droits, & les femmes devin-
rent bientôt une marchandife que les hommes
cachoient plus foigneufement que la contrebande même.

Mandrin exerça fur les chemins la violence
qu'il avoit exercée dans les maifons. Il fit
arrê-

arrêter tous ceux qui tombérent fous fa main, & les contraignit d'acheter fes manchandifes en leur montrant les profits qu'il y avoit à faire deffus. Envain lui repréfentoit-on le danger de ce commerce; bon gré, malgré, il falloit plier fous cette loi; mais ces violences rallentiffoient le commerce. Les Lionnois craignirent les bords du Rhône. Les Négocians de la Bourgogne, de l'Auvergne & du Bourbonnois ne trouvoient plus de fûreté fur les routes du Languedoc & de la Provence, pour pénétrer jufqu'aux ports de la Méditerranée. Ils marchoient en troupe, ce qui ne leur réuffiffoit pas mieux, ou ils prenoient des détours fatigans qui doubloient la dépenfe.

Un Marchand, que fon commerce appelloit à Marfeille, s'arrêta à St. Rome de Tarn. Il avoit pris un mauvais habit pour cacher fon état, ce qui trompa Mandrin: mais en évitant un écueil, il donna dans un autre. On le prit pour efpion, & on le pourfuivit à grands coups de fufil. Une porte fe trouva ouverte, il s'enfonça dans la maifon, fortit par derriére, & échappa. Mandrin entra après lui, & demanda que cet homme lui fût livré. Il enfonça des portes, & culbuta des meubles; il menaça du fer & du feu; tout retentiffoit de fes juremens & de fes fureurs. Il faifit une jeune femme par la main, & lui ordonna de lui montrer le coupable, ou de

s'ats'attendre à essuyer toute sa vengeance. Cette femme méritoit des égards par sa beauté, par son âge, & plus encore par sa grossesse. Mandrin inexorable persista à la menacer de la mort; puis faisant un pas en arriére, il saisit son fusil, & lui enfonça la bayonnette dans le ventre. Ainsi l'on vit un scélérat porter deux morts dans un seul coup: une mére perdit le jour qu'elle conserva à un inconnu; un enfant sentit le fer avant que d'avoir connu la lumiére.

On donna à cette action toute la haine qu'elle mérite. Mandrin devint un objet d'exécration & d'horreur; & si les Employés avoient su mettre à profit les dispositions des gens du Pays, il périssoit, & ses gens succomboient avec lui. Ce monstre au-contraire ne fit qu'étendre ses desseins, & ne reprima point ses attentats. Il vit que le peuple le fuyoit, il le méprisa, & tourna ses vues d'un autre côté. Le projet qu'il méditoit demandant de la hardiesse pour l'exécution, il voulut bien se soumettre aux lumiéres de son conseil. Il assembla ses Officiers, & leur en fit part en ces termes. ,,Mes exploits, chers compagnons, ont ,,inspiré aux Employés la terreur de nos ar- ,,mes. Je ne vois plus leurs brigades s'égarer ,,dans les campagnes, & nous disputer les ,,droits du Commerce. Soyez assurés qu'ils ,,ne s'amuseront plus désormais à ouvrir mes ,,Lettres. Mais je m'apperçois que le peuple

,,ef-

„effrayé ne se prête plus au débit de nos mar-
„chandises, & qu'il les dédaigne. J'ai trouvé
„d'autres mains que les vôtres pour les lui pré-
„senter. La Ferme a des Entreposeurs qu'elle
„paye; ces mêmes Entreposeurs sont les gens
„que je choisis, je veux m'en servir, & qu'ils
„me payent. J'irai à votre tête leur porter
„mon tabac, & si vous avez encore ce coura-
„ge que je vous ai vu dans les combats, si vous
„êtes toujours dignes de vous & de moi, nous
„laissons à la postérité des faits mémorables
„que tous les siécles ne détruiront pas.

La nouvauté de ce dessein plut beaucoup;
on y applaudit avec éloge, & chacun offrit son
sang pour en assurer l'exécution. Le 30 Juin
Mandrin fit charger des ballots de tabac sur des
mulets, entra dans Rhodés, & fut droit à la
maison de l'Entreposeur de la Ferme. Il n'a-
voit avec lui que cinquante-deux hommes bien
armés, la bayonnette au bout du fusil. Il entra seul, pria l'Entreposeur de descendre, &
étala sa marchandise. L'Entreposeur étonné
ne savoit s'il devoit en croire ses yeux. „Ne
„prenez pas ceci pour un songe, lui dit Man-
„drin; ce que vous voyez est du vrai tabac;
„le vôtre n'a pas une séve plus admirable; je
„vous l'abandonne à quarante sols la livre, &
„je ne veux pas d'autre acheteur que vous.“
Cette proposition étonna encore plus que l'im-
pertinence même de l'action. L'Entreposeur

se trémoussa beaucoup, & voulut crier à la violence, à la violence, à l'injustice. Mandrin le prit par la boutonniére, & le pria de voir les bayonnettes, les fusils & les sabres qui l'entouroient. Le danger n'étoit pas équivoque. L'Entreposeur compta l'argent qu'on lui demandoit, & reçut des offres de service assaisonnées du ton le plus railleur.

Rien ne manquoit au triomphe de Mandrin. La Ferme humiliée plioit sous ses ordres, & son escorte victorieuse chantoit insolemment sa gloire. Il se rappella que l'on avoit déposé à la Maison de ville quelques armes saisies sur des Contrebandiers qu'il avoit commandés autrefois; il écrivit au Subdélégué de l'Intendant, & en demanda la restitution. On dit même qu'il ne daigna pas faire des menaces dans sa Lettre; sa troupe annonçoit assez ce que l'on avoit à craindre; le feu, le pillage, les meurtres se présentoient aux yeux sous les images les plus effrayantes; chacun fuyoit dans ses maisons; il falloit obéir, ou avoir des mains pour repousser la violence.

L'expédition de Rhodés ayant eu un heureux succès, Mandrin fut faire le même compliment à l'Entreposeur de Mende. Comme il se présenta avec la même audace, les conditions qu'il prescrivit furent exactement suivies; il déposa ses balots, & reçut de l'argent.

On

On ne peut exprimer la joie de ſa troupe, & l'effet que ces deux actions avoient produit ſur leur eſprit. Ils ne ſongeoient à rien moins qu'à épuiſer la Suiſſe & la Sovoye des marchandiſes prohibées en France, & à les faire accepter dans tous les Bureaux des Provinces. Mandrin plein de ces idées prit ſa route pour la Suiſſe, & voulut ſe montrer dans ſa Patrie. Il y trouva en arrivant un Employé qu'il avoit remarqué dans le combat de l'Hermitage, celui-là même qui avoit arrêté à ſes côtés Pierre Mandrin ſon frére. Il entra chez lui le ſabre nud, & lui dit: „Moret, te „ſouviens-tu de ce combat dans lequel tu oſas „te préſenter contre Mandrin? Te rappelles-„tu ce jeune-homme que tu eus la perfidie „d'arrêter? je ſuis ſon frére & le vengeur „de ſa mort.“ Moret ſe jetta à genoux en ſuppliant, & préſenta un jeune enfant de dix-huit mois qu'il tenoit entre ſes bras, eſpérant que ce ſpectacle fléchiroit le cœur du barbare. „Tu as arrêté mon frére, dit Mandrin, tu es „Employé, & tu demandes grace. Péris, toi & ton enfant, puiſſai-je en exterminer la race.“ Il lui déchargea ſon ſabre ſur la tête, redoubla en touchant indifféremment ſur le Pére & ſur l'enfant, & il ne ceſſa que lorsqu'il les vit en morceaux, & baignans dans leur ſang.

Le Pays entier n'avoit pas aſſez de force pour faire face à ce meurtrier. Il continua à

se montrer ouvertement, & jouït de l'impunité de son crime.   Il augmenta même sa bande de quelques sujets, & se jetta en Suisse,
où il resta jusqu'à la fin de Juillet.   Comme
il s'aprêtoit à rentrer en France par la Franche-Comté, les Brigades de Mouthe & de Chau-
neuve furent à sa rencontre.   Mandrin, que
ses espions instruisoient exactement du nombre
de ses ennemis, de leur marche & de leur force, les fatigua longtems par des marches & des
contre-marches, qui lui parurent nécessaires
autant pour la sûreté de sa troupe, que pour
le débit de son tabac.   Enfin lorsqu'il se fut
déchargé de ce qu'il avoit de plus embarassant,
il campa à côté d'uu petit bois, un marais devant lui, & une montagne derriére.   Il falloit pour l'atteindre pénétrer dans le bois où
il avoit jetté du monde, ou forcer un passage
étroit qu'il avoit coupé par un fossé, & embarrassé de chariots.   Les Employés ne virent
point le péril, leur nombre leur inspira de la
confiance, & la vue des chariots parut assurer
la prise du butin; ils avancérent.   Deux contrebandiers buvoient dans un cabaret; ils coururent promptement joindre leurs camarades,
& marchérent sans être vus à cause des buissons.   Un des deux apperçut un grand homme, que sa taille & ses cheveux longs distin-
guoient parmi les autres; il lui envoya un coup
de fusil, qui le culbuta de dessus son cheval.

                                Tous

Tous les Employés mirent pied à terre, & ne le trouvérent pas, mais ils approchérent du fossé; il en sortit un feu terrible qui en incommoda un grand nombre, & les disperfa tous; ils fe ralliérent, & revinrent à la charge fur un front plus étroit; ils effuyérent un feu fort vif, & defcendirent dans le fossé, d'où ils délogérent les contrebandiers. Ceux-ci qui avoient un retranchement plus fort coururent derriére leurs chariots; les plus ardens des Employés y pénétrérent avec eux, & fe trouvérent enfermés quand on boucha le paffage. „Soyez les bienvenus, dit Mandrin, il ne pou-„voit vous arriver rien de mieux,,. On leur lia les pieds & les mains. Cependant on faifoit derriére les chariots un feu continuel, & la troupe des affaillans ne remportoit aucun avantage: ils fongérent à leur retraite. Mandrin fit filer une partie de fes gens derriére les haies, & fortit à la tête de 22 hommes. Lorfqu'il déboucha, les Employés firent une décharge, & s'apperçurent trop tard qu'ils avoient tiré fur leurs propres camarades, que Mandrin faifoit marcher devant lui. Ils repafférent le fossé en défordre, la bayonnette dans les reins; & lorfqu'ils fe furent étendus le long des haies, ils effuyérent en flanc une décharge qui acheva le combat. Ils remontérent promptement fur leurs chevaux, laifférent plufieurs morts fur la place, & remmenérent

nérent bien des bleſſés. Mandrin au milieu de ſa victoire ſe plaignit de deux choſes : la première, de ce que les Employés, qui étoient entrés dans ſes retranchemens, étoient morts de leurs bleſſures ; la ſeconde, de ce qu'il ne s'étoit pas emparé des chevaux pendant le combat ; & il ſe reprocha longtems cette faute, qui pouvoit en être une.

Le combat fini, Mandrin fit enterrer ſes morts avec tous les honneurs militaires, & des décharges de ſa mouſquetterie. Il ordonna enſuite que l'on dépouillât les Employés que l'on trouva morts, & qu'on les attachât à des arbres loin de ſon Camp. Ce poſte étant avantageux, il s'y maintint quelques jours & vendit ſon tabac ſous les yeux mêmes des Employés qui rôdoient, & n'approchoient pas. Delà il ſe rendit en Savoye, & pénétra de-nouveau en France les armes à la main. Les Débitans de Craponc, les Buraliſtes de Brioude & de Montbriſon payérent ſon tabac comme avoient fait leurs confréres de Mende & de Rhodés. Il ne fallut ni héſiter, ni ſe plaindre.

Montbriſon fut encore témoin d'une ſcéne dont on peut à peine comprendre l'audace. Mandrin apprit que les priſons étoient pleines de criminels ; il commanda que l'on ouvrît les portes, & il en tira quatorze ; en diſant qu'il aimoit à répandre des bienfaits, & qu'il ne devoit point laiſſer des malheureux ſur ſon

paſſa-

paſſage. Cependant il ne voulut pas paroître autoriſer le crime, & il refuſa d'être le libérateur de ceux qui étoient détenus pour des forfaits. C'eſt ainſi qu'il commençoit à uſurper les droits des Souverains, ou qu'il crut l'être.

Ce prétendu Prince, qui briſoit les fers, faiſoit en même tems le métier de voleur ſur les grands-chemins, & il donnoit toujours la préférence aux Commis des Fermes. Le 2 Septembre il découvrit que deux Employés étoient chargés des appointemens de la Brigade Cormoranche dans la Breſſe ; le plaiſir de les dévaliſer le flatta trop pour le laiſſer à d'autres. Il les arrêta ſur le pont de Velle en plein jour, en préſence de cent témoins, les vola, tira ſur eux, & emporta l'argent. Quelques jours après il apperçut d'autres Commis ſous les murs du château de Joux ; il n'étoit aſſûrément pas l'objet de leur marche ; n'importe ; il fit feu comme par amuſement, en tua un, & bleſſa tous les autres.

Les Priſonniers délivrés, les Déſerteurs qui fuyoient la main des Archers, tous ceux enfin qui avoient du goût pour le crime, ou qui en craignoient la peine, couroient pour s'enroller ſous les drapeaux de Mandrin. L'augmentation du nombre ſembla promettre l'impunité, & les porta à tout oſer. Les Employés, trop foibles, en ſuffiſoient plus pour

la garde des paſſages. Mandrin ſe plaignit de
ce qu'il n'en trouvoit plus ſur la route. On
le vit en peu de tems fondre de la Savoye dans
le Bugey; ſe porter aux Bureaux de Nantua,
de Bourg en Breſſe, de Châtillonlez-Dombes,
de Charlieu, de Rauanne, de Thiers, d'Am-
berg, de Marſal, d'Arlan, de la Chaiſe-Dieu,
de Pradelle, de Langogne, de Tance, de St.
Didier, de St. Bonnet le-Château, de Boen.
de Montbriſſon, y dépoſer ſon tabac, & faire des exactions ſur tous les Adjudicataires des
Fermes, Receveurs, Entrepoſeurs & Débitans. La célérité avec laquelle il exécuta toutes ces choſes dans les Bureaux des différentes
Provinces, doit donner à connoître ce que
Mandrin eût pu être, s'il n'eût pas été Brigand. Au Puy en Velai on lui dit que l'En-
trepoſeur avoit des greniers pleins; il ordonna
qu'on les vuidât pour la ſubſiſtance de ſa troupe. Comme on mettoit la main à l'œuvre,
on vint lui annoncer que ce blé n'étoit qu'un
dépôt, & qu'un Marchand le reclamoit; il parut ſe relâcher, & ne demanda que ſix cens
livres au propriétaire, ſeulement, diſoit-il,
pour lui apprendre à ne plus ſe trouver con-
fondu avec des Commis.

Tout ce qui paroiſſoit appartenir à la Ferme,
ne trouvoit aucune grace devant ce redoutable
ennemi. Quelques Employés qui avoient mal
parlé de lui, prirent la Diligence par eau de
Ly-

Lyon à Châlons, n'ofant tenter le chemin par terre. Mandrin arrêta la Diligence; tira fur le poftillon qui n'obéiffoit pas; entra feul dans la Diligence avec cet air déterminé qu'on lui a connu; fit des perquifitions par-tout, tandis que fes gens étoient fur le bord de l'eau; & ne trouvant pas ceux qu'il croyoit y être, ou qui furent fe cacher, il fe fit mettre à bord en homme qui a droit de commander.

Plufieurs Bureaux tels que ceux du Puy, de St. Juft, de St. Didier, de St. Bonnet, de Clugny, de St. Trivier, & de St. Laurent en Franche-Comté, furent encore mis à contribution dans les mois fuivans. Dans les uns il rechercha les Employés, comme un Chaffeur va à la quête du gibier dans les campagnes, tua, bleffa fans ménagement & fans diftinction; dans les autres il vola l'argent, pilla les meubles, & brifa tout ce qu'il ne put emporter.

Le bruit de ces violences fut enfin porté en Cour, & parut en mériter l'attention. Il étoit à craindre que le mal n'augmentât; & quand il n'eût fait que refter au point où il étoit, le Monarque, qui fait fon bonheur de celui de fes Sujets, ne les eût pas abandonnés au fer d'un brigand, S. M. envoya des troupes pour le combattre.

A cette nouvelle, Mandrin, qui eût dû mettre bas les armes, fentit augmenter fon orgueil & accroître fon courage. Il fongea à faire des

foldats, & chercha des recrues dans les prifons.
L'art de les forcer ne lui étoit pas inconnu ;
il pénétra rapidement dans celles de Bourg en
Breffe, de Roane, de Thiers, du Puy en Ve-
lay, de Monbrifon, de Clugny, de St. Amour,
du Pont de Vaux & d'Orgelet ; & pour montrer qu'il marchoit fans crainte, il fe fit apporter les Régiftres d'écroue de ces prifons, écrivit l'acte par lequel il donnoit la liberté aux
prifonniers, & figna.

Sur fa route pour la Bourgogne il rencontra des foldats du Régiment d'Harcourt. L'envie de commencer les actes d'hoftilité fur les
troupes du Roi, le précipita au milieu d'eux.
Les Cavaliers attaqués mirent le fabre à la main,
un de leur troupe fut tué dans une décharge.
Sa mort termina le combat, dans lequel il y
avoit plus d'ardeur que d'égalité. Mandrin
ne dut cette foible victoire qu'à la fupériorité
de fes forces. Le lendemain, 17 Décembre,
il fe rendit à Seurre, chercha foigneufement
les Employés qui ne parurent pas, enfonça
la porte de la maifon du Capitaine-Général,
ouvrit fes armoires, & prit tout ce qu'il trouva. Il ordonna enfuite qu'on lui amenât les
Receveurs du Grenier à Sel, & de l'Entrepôt
du Tabac pour leur prefcrire la dure condition de compter de l'argent, & de prendre du
tabac. Seurre étoit dans la confufion & le
défordre, on crut voir renaître les tems mal-
heu-

heureux de Jean de Vert & de Galas. Mandrin fit dire au peuple de ne point interrom-
pre ſes travaux; qu'il n'étoit point l'objet de
ſes expéditions militaires, & qu'il prenoit ſes
intérêts. Enſuite s'adreſſant aux deux Receveurs, il leur dit: ,,Je ſais, Meſſieurs, ce
,,que la probité & l'honneur exigent de moi.
,,Vous êtes en place, vous êtes comptables;
,,il eſt juſte que je vous donne une reconnoiſ-
,,ſance des ſommes que je vous demande,
,,croyez qu'on la reſpectera,,. Il la fit & ſig-
na, *Le Capitaine Mandrin.* Non content de
cette dériſion, il les contraignit de lui donner
un reçu de ſon tabac, ce qu'il fallut faire.
Béaune inſtruite de cette licence la craignit,
& l'éprouva. Le 18 du même mois Mandrin
ſe préſenta ſous ſes murs. Sur l'avis qu'on
lui donna que la Bourgeoiſie étoit ſous les armes, il s'arrêta à quelque diſtance de la Ville,
& fit ſes diſpoſitions. La porte qu'il attaqua
fut défendue avec beaucoup de vigueur. La
Garde Bourgeoiſe fit un feu très vif du haut
des remparts. Mandrin les menaça de faire
ſauter leur porte avec un petard, ou d'y mettre le feu. Il s'avança enſuite à la tête de ſes
travailleurs, & l'enfonça. La chaleur de l'a-
ction lui permit encore de connoître quelque
modération. Il pouvoit ordonner le pillage;
il arrêta ſa troupe ſous la porte même, &
défendit les décharges. Comme il n'en vou-

loit qu'à la Ferme, il se fit amener le Maire,
& lui tint ce discours. „Je suis ce Mandrin
„si connu dans le Royaume, la terreur de la
„Ferme, & le libérateur des Citoyens. Je
„ne viens point en ennemi de l'Etat apporter
„parmi vous les horreurs de la guerre : Béau-
„ne est à moi, je peux y porter le fer, ou la
„livrer au pillage, mais je respecte le sang des
„Citoyens innocens; un autre sujet m'amene.
„Vous avez dans le sein de la Ville deux Bu-
„reaux qui me doivent des droits, je les taxe
„à vingt mille francs; hâtez-vous de faire
„compter cette somme par les mains des Re-
„ceveurs du Grenier à Sel & du Tabac. Si
„vous balancez, vous devenez coupable, trem-
„blez pour ces murs, craignez pour vous.

Le Maire de Béaune jetta des regards tran-
quilles sur les piques qui l'environnoient, puis
prenant une noble fierté il dit: „Si vous ne
„venez pas en brigand porter la désolation
„dans nos murs, pourquoi m'offrez-vous le
„spectacle de Citoyens infortunés qui perdent
„leur sang pour la Patrie? Quelle main a don-
„né la mort à ces malheureux que je vois dans
„la poussiére? Ne sont-ce pas des victimes
„immolées à vos fureurs? Hélas! je suis leur
„Pére commun; c'est contre moi qu'il falloit
„tourner vos coups; c'est ce corps qu'il faut
„percer, si vous avez du sang à répandre.
„Ne croyez-pas que pâlissant à la vue du fer
„qui

„qui me menace, j'irai trahir *les intérêts* du
„Roi pour enrichir un Sujet rebelle. Vous
„favez enfreindre les Loix, je fais mourir;
„mais fongez que le crime n'a qu'un tems, &
„que les brigans qui vous efcortent, ne vous
„déroberont pas à la vengeance du Souverain.

Mandrin, peu fatisfait de cette réponfe, dit
fiérement qu'il dédaignoit le fang d'un Robbin,
& qu'il vouloit de l'argent. En même tems
il fit faifir le Maire par quatre fufiliers, &
marcha en avant avec fes grenadiers, & des
torches ardentes. „Arrête, lui dit le Maire,
„arrête; s'il ne faut que de l'argent pour écar-
„ter les horreurs dont tu nous préfentes l'i-
„mage, je trouverai de quoi fatisfaire ton ava-
„rice; j'ai une maifon, j'ai des biens, je te
„les abandonne: viens, fuis mes pas, prens
„l'or que je pofféde, enléve mes richeffes;
„mais ne vole que moi feul, & épargne ce
„peuple que tu vois.

Cependant les Receveurs inftruits de la gé-
néreufe fermeté du Maire, ne voulurent pas
fouffrir qu'il portât feul le poids d'une guerre
qui n'étoit allumée que contre eux; ils firent
promptement une fomme de vingt mille francs.
Mandrin la reçut par les mains du Maire, &
fortit de la Ville, en difant qu'on eût foin de
tenir l'argent prêt quand on le verroit paroître,
& qu'il alloit voir fi les gens d'Autun feroient
plus raifonnables.

F 3

Cette

Cette attaque couta la vie à un soldat & à deux bourgeois: plusieurs autres furent blessés dangereusement. Autun reçut le lendemain une visite semblable. Mandrin rencontra sur son chemin de jeunes Séminaristes, qui alloient prendre les Ordres à Châlons; il les arrêta, & leur fit rebrousser chemin. Les portes de la Ville étoient fermées: Mandrin s'empara des fauxbourgs, alluma des torches, & tint des échelles prêtes. Ensuite s'avançant vers la Ville, il fit dire au Maire que si les deux Receveurs du Sel & du Tabac ne lui faisoient pas remettre la même somme que ceux de Béaune, il alloit voir le sang couler, les fauxbourgs embrasés, la ville escaladée, les plus beaux édifices renversés, & tout au pillage; & pour aider à le déterminer, il lui montra la bande des Séminaristes qui étoient en son pouvoir, & dit que c'étoit-là ses ôtages. Ces jeunes gens étoient pour la plupart de la Ville; les péres, les méres jettérent des cris à ce spectacle. Les uns coururent chez le Maire, en versant des larmes; les autres furent chez les Receveurs, & criérent hautement qu'eux seuls étoient cause de ces malheurs; qu'ils alloient causer la ruine de la Ville; qu'ils songeassent à écarter le danger, ou qu'on les livrât à l'ennemi.

Autun a de beaux monumens d'Antiquité, restes précieux des Romains: on appréhenda que ces scélérats n'y portassent la main avant que de se jetter sur la Ville. Le Maire proposa d'appeller leur Chef, & de traiter avec lui. Mandrin voulut que sa troupe entrât. On ouvrit les portes: il la mena droit à l'Hôtel de ville, & y entra avec deux hommes seulement. On lui demanda quel droit il avoit pour lever des contributions. Il répondit qu'il avoit sur les Fermes le droit qu'Alexandre avoit eu sur les Perses, & celui de César sur les Gaules. On voulut

lui

lui faire des repréſentations, & obtenir quelque di-
minution. Comme les choſes n'àvançoient pas à ſon
gré, il jura de la plus belle maniére. On lui compta ſon argent, il rendit les Séminariſtes, ouvrit les
priſons, & ſortit.

Les Troupes que la Cour avoit envoyées pour
reprimer ces déſordres, arrivérent enfin aux environs d'Autun. Mandrin étoit alors dans la Paroiſſe
de Brion, il s'arrêta auprès du Village de Grenand,
& s'y retrancha. Monſieur de Fiſcher, qui commandoit les Troupes légéres, s'avança pour le forcer; il trouva les retranchemens très-profonds, &
plus réguliers qu'il n'avoit cru devoir l'attendre d'un
homme qui n'avoit aucune connoiſſance des régles
de l'Art. Mandrin agiſſoit ſans principes, & ne
s'en écartoit pas; ce qui peut prouver qu'il avoit
été à l'école de la Nature. Il fit réflexion qu'il ne
pouvoit ſe conſerver dans ce poſte; qu'il ſeroit aiſé
de lui couper les vivres; que tous retranchemens
que l'on attaque ſont toujours forcés; que les gens
du pays pouvoient lui tomber ſur les bras; enfin
que les Troupes qu'on lui oppoſoit, étoient harraſ-
ſées d'une longue marche. Il tint ſon conſeil de
guerre. Il fut réſolu que l'on ſaiſiroit le moment,
& que l'on ſortiroit ſans délai. Il quitta ſes retranchemens dès le jour même, & par une audace que
l'on ne peut définir, il marcha le prumier contre
les Troupes de ſon Roi. Telle a toujours été ſa
conduite; du feu dans l'imagination, de la célérité
dans l'exécution. Monſieur de Fiſcher, qui ne s'attendoit pas à ce mouvement, fit ſes diſpoſitions à la
hâte; Mandrin avoit fait les ſiennes. Il parut à la
tête de ſes troupes monté ſur un cheval fin, & le
ſabre nud. ,,Chers compagnons, leur dit-il, juſ-
,,ques ici je vous ai menés à la fortune, aujourd'hui
,,je vous méne à la gloire. Nous avons trouvé des

F 4

,,en-

„ennemis dignes de nous.　Ce ne font plus de vils
„Employés qui ne paroiſſent que pour fuir, & qui
„ne favent vaincre que quand on ne réſiſte pas: Ce
„font les vainqueurs des Pandoures & des Croates, en-
„core teints de leur faug.　Vous avez vaincu avec
„eux, refuferez-vous de combattre contre eux? Si
„vous fuyez, vous êtes leur proye; ſi vous combat-
„tez, ils font la vôtre.　Marchez, détruiſons ce corps
„affoibli par des marches pénibles.　Je vous livre
„après la victoire toutes les richeſſes des Receveurs,
„& toutes les têtes des Employés.

Cette harangue fut ſuivie d'une décharge qui incommoda beaucoup.　Les Huſſards & les Dragons
tinrent ferme, & répondirent de-même.　Le feu devint vif & roulant.　Mandrin ſe porta par-tout où il
y avoit du danger; il vola de rang en rang; encouragea, pria, preſſa, promit.　Il commanda en Capitaine, il ſe battit en ſoldat.　Piedmontois, l'infame
aſſaſſin de La Mothe *, fut tué devant lui.　Il prit
ſa pique; mena ſa troupe la bayonnette au bout du
fuſil; enfonça les rangs, & ſe mêla en animant les
ſiens au carnage.　Dans la grêle des coups il s'apperçut que Saint Simon, ſon Major, perdoit le terrein qu'il avoit gagné; il quitta un péril pour courir à un autre, ſe mit à la tête du corps de Saint Simon, le mena en avant, & rétablit le combat.　Sa
gauche, commandée par Perrinet, commença à plier;
il y courut, la ramena juſqu'à trois fois à la charge,
écumant de rage de ne pouvoir entamer.　Il ſem-
bloit ſe multiplier pour ſuffire à tout.　Enfin, après
un combat de fureur & d'acharnement, ſes trois
corps de bataille furent enfoncés preſqu'à la fois,
pourſuivis la bayonnette dans les reins, & diſperſés.
Ainſi

* Monſieur de la Motee, un des Receveurs de la Ferme,
crut pouvoir ramener ces brigands par la négociation :
il entra en conférence avec eux ſur la foi promiſe.
Piedmontois le poignarda ſur le pont de Beauvoiſin.

Ainſi Mandrin éprouva qu'un Sujet révolté n'eſt jamais heureux contre ſon Souverain, & que l'audace échoue devant l'habilité. Monſieur de Fitſcher ne dut la victoire qu'à ſa prudence, & au grand uſage des combats. Il vainquit, mais il eut la douleur de voir parmi les morts des Officiers & des Soldats dont la perte n'eût pas été réparée par tout le ſang de l'armée de Mandrin, & leur nombre étoit grand.

Les Contrebandiers ne firent plus rien de remarquable depuis ce tems. Mandrin en ramaſſa une trentaine des débris de ſa grande troupe, avec lesquels il vola quatre chevaux à des Archers de Dompierre dans le Bourbonnois; ce qu'il imita de Cartouche. De-là il fut poignarder au Breuil cinq Commis de la Brigade de Vichy, & le lendemaiu il tua un particulier du Village de Saint Clément, avec toute la noirceur d'un aſſaſſin. Il ſemble qu'on le voye baiſſer dans ces traits, & qu'il y ait de l'humeur. Ceux qu'il aſſaſſine lui demandent la vie à genoux, il continue à enfoncer le poignard. Le vainqueur de Béaune & d'Autun devoit-il ſe venger ainſi de la défaite de Grenand?

Il eſt vrai que Mandrin ſe trouvoit bien preſſé par les troupes légéres qui étoient à ſa ſuite, & qu'il né leur échappoit que par des marches & des contremarches, ce qui le réduiſoit à tuer pour ſe venger, & à voler pour vivre. Enſuite il mit à contribution les Receveurs de Cerviéres, de Noiretable, & de la Chaiſe-Dieu; il tira ſur la Cavalerie des Volontaires de Flandre & de Dauphiné, au Village de la Sauvetat dans le Vélai, ce qui paroiſſoit annoncer le rétabliſſement de ſes affaires. Ce fut cependant là que finit le cours de ſes proſpérités. Le dernier crime qui termina ſa carriére, fut la mort de la femme du Brigadier des Fermes de Noiretable. Cette jeune perſonne alloit ouvrir la porte, lorsque Mandrin

drin fit une décharge qui la perça. Peut-être igno-
roit-il qu'elle étoit derriére ; mais les juremens qu'il
prononça en entrant, la brutalité avec laquelle il in-
fulta à fon malheur, annoncent une ame barbare, &
le rendent coupable.

Un tel fcélérat devoit périr, le moment marqué
par la Providence étoit arrivé. Il chercha fa fûreté
dans la fuite, il donna dans les piéges qu'on lui ten-
dit. Un camarade, peut-être auffi miférable que lui,
le vendit aux Employés. Il fut pris la nuit, lié dans
toute la longueur du corps, & conduit, ou plutôt
apporté à Valence, le 10 Mai 1755, avec cinq de
fes camarades, & jetté dans les prifons de la Cour
Souveraine.

Ce coup inefpére affligea d'autant plus Mandrin
qu'il fe voyoit entre les mains de la Ferme, obligé
de répondre devant un Tribunal établi en fa faveur
depuis 17 ans. Il connut bientôt, à la façon dont
on le gardoit, qu'on n'avoit pas envie de le perdre,
& qu'il n'y avoit plus guéres de reffources dans la
force, ou dans les rufes. Monfieur Levet de Ma-
laval, Commiffaire de ce Confeil, lui fit fubir l'in-
terrogatoire. Mandrin répondit avec beaucoup de
tranquilité, & même avec politeffe. On lui demanda quels étoient fes complices : il leur dit qu'on avoit
pu les avoir en pleine campagne, & dans les Villes ;
qu'il n'avoit pas meublé fa mémoire de leurs noms
pour les traduire devant les Juges. On l'inter-
rogea fur les fauteurs de fes crimes ; il nomma
les Receveurs des Bureaux de Mende, de Rhodés, de Béaune, d'Autun, de tous les endroits
enfin qu'il avoit parcourus ; & dit que c'étoit à
eux feuls qu'il devoit le débit de fes tabac. Quand
on lui repréfenta qu'ils n'avoient cédé qu'à la violence, il répondit que tous ceux qui l'avoient fervi
dans fes campagnes, avoient obéi de-même le pifto-
let

let fur la gorge, que cette façon d'agir lui avoit pa-
ru plus fûre & plus propre pour le commandement;
que l'on ne pouvoit attaquer les Aubergiftes qui
étoient fur fa route, fans rechercher auparavant les
Receveurs des Bureaux; & qu'eux-mêmes, qui de-
venoient fes Juges, n'auroient pas tardé à l'éprouver, s'il fût refté libre.

Le bruit de la détention de Mandrin attira un
grand concours de peuple. On accouroit de toutes
parts pour voir ce coupable, dans lequel on prétendoit trouver quelque chofe de grand, s'il peut y
avoir de la grandeur dans le crime. On lui préfenta un Religieux pour Confeffeur: il répondit qu'il
le trouvoit trop gras pour un homme qui prêche la
pénitence. Un particulier lui ayant rappellé qu'il
l'avoit vu autrefois, il dit: „Si tu me connois, tu ne
„dois pas me reconnoître,„. Le jour de fa fin ap-
prochoit, & il perféyéroit dans fon endurciffement.
Un Jéfuite lui fit envifager fon fort, il parut ébranlé.
Cet homme fier qui avoit affronté la mort dans la
chaleur de l'emportement, ou dans l'ignorance du
péril, ne put en foutenir les approches quand il
ouvrit les yeux pour le connoître. Ce moment eft
toujours le point critique des prétendus Philofophes.
Ils le bravent, ils le méprifent dans la force de la
fanté, par orgueil, ou par une bienféance d'ufage:
ont-ils le tems de l'envifager de près? toute leur
philofophie les abandonne. Mandrin devint docile,
fans ceffer d'être fier. Il portoit encore de l'audace
fur le front, mais il fentit les regrets dans le cœur.
Les difcours du Confeffeur achevérent d'abattre cette
ame féroce. Il avoua fes crimes, & il les pleura.
Le 26 Mai il monta fur l'échaffaut, & il le regarda
fans orgueil & fans foibleffe. La coutume des criminels eft de haranguer le peuple. Ils croyent tous
qu'ils doivent finir en Orateurs, & que le fpectateur

ne feroit pas content d'eux s'ils ne difoient quelque chofe d'édifiant. Mandrin fe conforma à l'ufage. Il tourna les yeux vers le Ciel, & levant triftement les bras, il dit: „Voilà donc la fin que tu me pré- „parois, malheureufe paffion des richeffes! Défir in- „fenfé, eft-ce ainfi que tu m'aménes fur le Théâ- „tre de l'infamie? J'ai vécu dans le crime, je meurs „dans l'opprobre; j'ai verfé le fang innocent, je vais „répandre le mien. Compagnons de mes forfaits, „je vous ai trompé quand je vous ai promis l'impu- „nité, & vous me trompiez vous-mêmes quand vous „comptiez fur le nombre & fur vos forces. Je ren- „tre dans la nuit: puiffe mon nom être oublié avec „mes crimes! puiffai-je les expier par ma douleur, „& par mon fupplice. Témoins de ma honte, étei- „gnez dans vos cœurs les feux de l'ambition, fi vous „avez quelque horreur pour mon malheureux fort.

Après ces mots, Mandrin s'attendrit, & fit pleu- rer tout fon auditoire. Il remercia fon confeffeur, embraffa fon Bourreau, & s'étendit fur le lit dou- leureux qui l'attendoit. „Ah, s'écria-t-il en verfant „des larmes améres, quel inftant Grand Dieu, & que „j'aurois dû le prévoir„! On lui rompit les bras, les jambes, les cuiffes, les reins. Il mourut, les yeux tournés vers le Ciel vengeur de fes crimes.

Ainfi finit le plus audacieux Brigand que la Fran- ce ait eu à punir. On a voulu qu'il fût Officier: cet- te erreur n'eft appuyée que fur le titre de Capitai- ne qu'il ufurpoit, & fur une Croix de St. Louis qu'il portoit devant lui. D'autres ont prétendu qu'il avoit été formé dans les Caffés de Paris: ces deux opinions tombent par la feule lecture de fa vie. Man- drin étoit un homme obfcur, qui n'a fuivi que fa brntalité, & fes emportemens. Il a été fcélérat, il en a fubi le fort.

F I N.

TA-

TABLE
DES MATIERES.

Man-

Fin de la Table des Matières.

www.ingramcontent.com/pod-product-compliance
Ingram Content Group UK Ltd.
Pitfield, Milton Keynes, MK11 3LW, UK
UKHW020019100726
13658UKWH00002B/994